بسم الله الرحمن الرحيم

أضواء على المسرح المدرسي
ودراما الطفل

المملكة الأردنية الهاشمية
رقم الإيداع لدى دائرة المكتبة الوطنية
(2009 / 10 / 4284)

372.66
النواصرة، جمال
أضواء على المسرح المدرسي ودراما الطفل / جمال محمد النواصرة.
_ عمان : دار الحامد ، 2009 .
( ) ص .
ر. أ. : (4284 / 10 / 2009) .
الواصفات : /المسرح المدرسي// الدراما// الأطفال /

❖ أعدت دائرة المكتبة الوطنية بيانات الفهرسة والتصنيف الأولية .
❖ يتحمل المؤلف كامل المسؤولية القانونية عن محتوى مصنفه ولا يعبّر هذا المصنف عن رأي دائرة المكتبة الوطنية أو أي جهة حكومية أخرى.

* (ردمك) ISBN 978-9957-32-485-8

الحامد

دار الحامد للنشر والتوزيع

شفا بدران - شارع العرب مقابل جامعة العلوم التطبيقية
هاتف: 5231081 -00962 فاكس : 5235594 -00962
ص.ب . (366) الرمز البريدي : (11941) عمان – الأردن

Site : www.daralhamed.net
E-mail : info@daralhamed.net
E-mail : daralhamed@yahoo.com
E-mail : dar_alhamed@hotmail.com

أضواء على المسرح المدرسي ودراما الطفل

جمال محمد النواصرة

الطبعة الثانية

١٤٣١هـ - ٢٠١٠م

الإهــــداء

إلى:
براعم الطفولة الواعدة
وأجيال الغد الآتي
في مدارسنا العربية

المؤلف 2009م

المحتويات

بسم الله الرحمن الرحيم

المقدمــة

للفن المسرحي دور هام في حياة الشعوب عبر العصور المختلفة؛ فقد كان جزءا من تقاليدهم الدينية والاجتماعية التي كانوا يمارسونها، حيث بدأ هذا الفن دينيا يرتقي بهم إلى المثل والقيم العليا.

وظل يتطور هذا الفن محاكيا لمشاعرهم، ومتحسسا لمشاكلهم، نائبا عنهم في كل ما يودون التعبير عنه، وشريكا لهم في جميع نواحي حياتهم الدينية والنفسية والاجتماعية.

ومن هنا نبعت أهمية هذا الفن الرائد والمبهر على مختلف الصعد، لما يحمل من مضامين فكرية وتربوية وجمالية.

وفي مجال التربية والتعليم- على وجه الخصوص- دخل هذا الفن في نشاطاتها، وأصبح جزءا لا يتجزأ من الخطط التربوية والمناهج الدراسية، وأساليب التدريس المختلفة.

والمسرح التعليمي يعد حديثا من الركائز الرئيسية التربوية للمدرسة، حيث يعمل من خلال برامجه المختلفة على الاضطلاع بدور ريادي في تنشئة الأجيال، وتزويدها بالمثل الدينية والتربوية الفضلى، وتجعلهم قادرين على الدخول في معترك حياتهم، بعد أن تكاملت شخصياتهم، وصقلت مواهبهم وتسلحوا بالمعرفة والعلم.

ولما للمسرح التعليمي بشكل عام، والمسرح المدرسي بشكل خاص من أهمية فائقة، ودور ريادي كبير في حياة الطلبة، فقد اهتمت به وزارات التربية

والتعليم, والمؤسسات التربوية والثقافية الأخرى، وأعدت الخطط اللازمة والبرامج المختلفة التي يتم تطبيقها على طلبة المدارس, وقامت كذلك بتدريب المشرفين والمعلمين القائمين على النشاط المسرحي، ووفرت لهم الإمكانات اللازمة والكوادر البشرية والإدارية، التي تساعدهم على تحقيق أهدافهم في هذا المجال.

فعملية مسرحة المناهج وأساليب الدراما التعليمية تلعب دورا رئيسيا في مجال تدريس الكثير من المناهج الدراسية، وتقديم المادة العلمية في شكل جذاب ومحبب لدى الطلبة في صفوفهم ومدارسهم من خلال النشاطات الدرامية التعليمية المصاحبة لها.

فالتربية المسرحية المعاصرة تعمل على زيادة الإبداع والاكتشاف والإلهام لدى الطالب الذي يعتبر محور العملية التعليمية التعلمية، بالإضافة إلى دورها الهام في التأثير الاجتماعي والنفسي.

فلا يمكن تغيير كثير من العادات والسلوكات الاجتماعية، إذا لم يتم التغيير في سلوك الأفراد وتنمية الأخلاق الحميدة والمثل والقيم الدينية والتربوية لديهم.

وللمسرح التعليمي كذلك، القدرة على تربية الناشئة والتعبير عن مكنوناتهم والتنفيس عما في داخلهم، بحيث يؤدي بهم إلى الاتزان النفسي والقضاء على كثير من الأمراض النفسية والاجتماعية لديهم مثل: الانطواء والخوف والخجل، وبالتالي يساعدهم على الانخراط في المجتمع الذي يعيشون فيه.

والمجال هنا في هذه المقدمة، لا يتسع لإلقاء الضوء على أهمية المسرح التعليمي بشكل عام, والمسرح المدرسي على وجه الخصوص, ودوره التربوي الريادي، فقد تم معالجة هذا الموضوع في سياق هذا الكتاب.

وسيلاحظ القارئ بان المعلومات الموجودة بين يديه، مركزة ومباشرة، ولذا, فقد حرصت على تنوع المعلومات من خلال دراسة العديد من المراجع المختصة في المواضيع التي شملها هذا الكتاب.

وقد تطرقت في **الباب الأول** – باختصار - لمفهوم الدراما وعناصرها وأشكالها وبداياتها وجذورها، لإلقاء الضوء على تطورها، بالإضافة إلى إلقاء الضوء على بدايات الظواهر المسرحية عند العرب قديما، وتطورها حتى وصلت إلى صورتها الحالية.

وفي **الباب الثاني**، تم التركيز على مفهوم المسرح التعليمي ووسائله، وكافة المواضيع المتعلقة به، بالإضافة إلى تناول أهمية الدراما في التربية والتعليم، ودورها الريادي في المدرسة.

وفي **الباب الثالث**، تم معالجة موضوع "الجانب التطبيقي في المسرح المدرسي" منذ بدايته حتى نهايته، وتجهيز عناصر العرض المسرحي المختلفة، حيث أنني أسهبت في تناول بعض المواضيع الخاصة بعناصر العرض المسرحي, وعناصر الإخراج المسرحي, وحرفية إخراج المسرحيات المدرسية ابتداء من كتابة النص المسرحي حتى استكمال جميع عناصر العرض المسرحي لأهميتها وفائدتها لدارسي المسرح والعاملين به، وعلى الأخص العاملين في مجال المسرح التعليمي.

واللافت هنـا في هـذه الطبعـة هـو إضافة بعض المعلومـات الجديـدة, المتعلقـة بـبعض العناويـن, إضافة إلى اختصار عدد من الموضوعات التي كنـت قـد أسـهبت فيهـا في الطبعـة الأولى, تمشيا مع الآراء التي وردتنـي مـن خـلال التغذيـة الراجعـة لـبعض قراء تلـك الطبعـة مـن الـزملاء والباحثين والمتخصصين.

وقد خصصت الجزء الأخير من هذا الكتاب للملاحـق المتعلقـة بـبعض مواضيـع الكتـاب, كأمثلة تطبيقية عليها, يستطيع القارئ الرجوع إليها للاستفادة منها.

إنني أتقدم بالشكر الجزيل والثناء الموصـول إلى كـل مـن سـاهم في إنجـاز هـذا الكتـاب، وأعتذر عن أي قصور أو نقص في المواضيع المطروحة, فالعمل الانساني يبقى قاصرا، والكمال لـله تعالى وحده.

إنني أقدم هذا الجهد المتواضع إلى جميع العاملين في المسرح التعليمـي وبـراعم الطفولـة في مدارسنا العربية، سائلا المولى أن ينفع بـه, وأن يرقى إلى مستوى الفائدة المرجوة منه.

وآخر دعوانا أن الحمد لـله رب العالمين

المؤلف/ 2009م

الباب الأول

مدخـــل إلى الدرامـــا

* مفهوم الدراما وعناصرها
* جذور الدراما
* أشكال الدراما
* الظواهر المسرحية العربية
* بدايات الدراما العربية الحديثة

مفهوم الدراما وعناصرها

الدراما هي: الفعل الحي المجسد, والتمثيل هو أداء الفعل المجسد من قبل ممثل يقوم بدور شخصية ليست شخصيته.

وكلمة الدراما(**DRAMA**) مشتقة من الكلمة اليونانية (دراؤ) "[1], أو الكلمة اليونانية درامينون" وتعني: عمل شيء)[2] أو الفعل(To do)[3], وتعرف كذلك بمفهومها العام بأنها: "نشاط معرفي جماعي يقوم على الجدل بين واقع العرض المصطنع والتجربة المسرحية المعروضة, بوصفها افتراضا وهميا للواقع، من خلال الصراع الذي يحدث بين قوتين منفصلتين أمام جمهور من الناس، بحيث يقيم جدلا بين الرؤية المسرحية وواقعه ومعارفه"[4], وتعرف كذلك بأنها (هي الفعل، وهي الوجود، مثلها مثل أي شيء عادي, إنها شيء جذاب لنا في كل حين)[5].

---

[1] انظر- صالح سعد وآخرون, دراسات في المسرح المصري, ج4, (الدراما بين الشعبية والرسمية), بدون رقم طبعة, القاهرة, مصر, 1985, ص9-10.

[2] انظر- سمير سرحان, دراسات في الادب المسرحي, دار الشؤون الثقافية العامة (افاق عربية) بغداد - العراق -ص23 (وسيشار إليه لاحقا بـ: سمير سرحان, دراسات في الادب المسرحي).

[3] انظر- ستيوارث كريفش, صناعة المسرحية, ترجمة: د.عبد الله الدباغ, دارا لمأمون للترجمة والنشر, وزارة الثقافة والإعلام, بغداد- العراق, 1986, ص17 (وسيشار إليه لاحقاب: ستيوارث كريفش, صناعة المسرحية).

[4] انظر- نهاد صليحة, المسرح بين الفن والفكر, مشروع النشر المشترك: دار الشؤون الثقافية والعامة (آفاق عربية)- بغداد, والهيئة المصرية العامة للكتاب- القاهرة, بدون رقم طبعة, 1985, (وسيشار إليه لاحقاب: نهاد صليحة, المسرح بين الفن والفكر, ص21.

[5] Wessels Charlyne, DRAMA , Oxford University press, Britain, 1987 – Page (7).

فمتى وجدت عناصر الدراما الرئيسية: (الفعل والمؤدي والمتفرج) وجدت البـذرة الدرامية التي تتطور لتخلق العرض المسرحي.

والدراما كذلك (أصبحت بمعناها الشامل المتعارف عليه في القرن العشرين تتألف من ستة عناصر هي النص والإخراج والتمثيل والمناظر المسرحية والجمهور ودار العرض المسرحي)[1].

وقد استخدمت هذه الكلمة للدلالة على مصطلح "المسرحية" فيما بعد ثم استخدمت هذه الكلمة للدلالة على هـذا الفـن في الإذاعـة أو التلفزيـون أو السـينما، فأصبح يطلـق علـى فن الكتابة التلفزيونية (الدراما التلفزيونية) وعلى فن الكتابة الإذاعية (الـدراما الإذاعيـة)، فالمـسرحية أساساتقوم على الفعل والعمل والحركة وأصبح جوهر الدراما هو الفعل الذي يحركه الدافع[2].

والمسرحية تختلف عن الفنون الأدبية الأخرى في أنها تستخدم الفعل على خشبة المسرح، حيث أن المسرحية عندما تُقرأ تكون عبارة عـن نـص أدبـي مجرّد مثلهـا مثل القصة أو الروايـة ولا تسمى مسرحية إلاإذا جُسدت على خشبة المسرح.

وهذا الفعل المسرحي لابدله من مـؤد يؤديـه أمـام جمهـور مـن النـاس، لـذلك فالعناصر الرئيسية للمسرح هي: الممثل (المؤدي) والفعل والجمهور.

---

[1] انظر- علي عقله عرسان، الظواهر المسرحية عند العرب, منشورات اتحاد الكتاب العرب, ط3, دمشق- سوريا, 1985- ص 15 (وسيشار إليه لاحقاب: علي عقله عرسان, الظواهر المسرحية عند العرب).

[2] انظر: فؤاد الصالحي، علم المسرحية وفن كتابتها، ط1, دار الكندي للنشر والتوزيع, اربد – الأردن, 2001, ص66 (وسيشار

والمؤدي أو الممثل عندما يجسد الفعل المسرحي إنما ينقل لنا صورة حية نابضة بالحياة تجعلنا في عالمآخر مليء بالإيهام الذي يجعلنا نعيش وكأننا في عالم حقيقي يثير مشاعرنا ويجعلنا نأخذ موقفامن كل ما نرى أمامنا سلبا أو إيجابا.

وقد قامت كلمة "الدراما" في الماضي على مفهوم خاطئ حيث كانت تدل على المأساة والبكاء والحزن والدم والنواح ولا يزال هذا المفهوم سائدا عند البعض، بينما يعتبر مفهوم الدراما الصحيح: هو للدلالة على الفعل المسرحي سواء كان هذا الفعل مأسأويا أو كوميديا.

وفي الحقيقة أن جوهر الدراما هو الصراع بين فكرتين أو موقفين أو شخصيتين أو الصراع بين الإنسان والآلهة (الصراع الميتافيزيقي) أو الصراع بين الإنسان والإنسان نفسه عندما يكون في حالة تردد وتسيطر عليه أفكار مختلفة تتصارع في داخله، حيث أن فكرة الحق غالباما تنتصر على فكرة الباطل.

ومتى اجتمعت عناصر الدراما الرئيسية (الممثل، الفعل، الجمهور) سمّي ذلك بالمسرح, وهناك عناصر ثانوية أخرى للمسرح مثل الديكور، الإضاءة الملابس، الإكسسوارات.

ولمّا كانت المسرحية نمطاأدبيافإن لها أنواعامختلفة مثل: المأساة، الملهاة، المليودراما, وغيرها.

وللدراما المسرحية مذاهب جمالية مختلفة جاءت تباعاوراء بعضها نتيجة تجارب كثيرة قام بها المسرحيون على مرالعصور والأزمان.

ومن هذه المذاهب: (الكلاسيكية, الرومانسية, الكلاسيكية الجديدة, الرومانسية الجديدة, الرمزية, الواقعية, السريالية, الطبيعية, الملحمية, العبثية, وغيرها.

جذور الدراما:

ظهرت أهمية الدراما منذ القدم حينما كانت تستخدم لنشر التعاليم والمبادئ الدينية والمثل والقيم العليا وعلاقة البشر مع الآلهة ومحاكاة الحياة الدينية والاجتماعية والسياسية لتلك المجتمعات القديمة.

لقد أشار الباحثون في مجال المسرح العالمي وبداياته إلى أن بدايات جذور الدراما كانت منذ أن بدأت حياة الإنسان على الأرض, حيث أن عناصر الدراما الرئيسية وجدت عندما كان الإنسان الأول يحاكي عمليات الصيد وصراعه مع الحيوانات المحيطة به والطقوس الدينية حول النار.

وتشير الدراسات التاريخية إلى أن أفراد القبائل في العصور الغابرة كانوا يجتمعون في بعض الليالي ثم يلتفون حول النار ويأخذ البعض في تقليد الحيوانات المفترسة ومحاكاة صراع الإنسان معها.

وفي هذه المرحلة وجد ما يعرف برئيس القبيلة أو المجموعة الذي ينظم عملها ويشرف على قيادتها أثناء تأدية الطقوس الاحتفالية التي تشمل الرقص الايقاعي والاصوات والتمثيل الايمائي والحركات المتعددة[1].

ويقوم آخرون بمحاكاة عملية صيد الحيوانات باستخدام أدوات الصيد البسيطة التي كانت مستعملة آنذاك، وإذا نظرنا إلى تلك الطقوس نجد أن عناصر الدراما الرئيسية موجودة فيها.

فنجد الممثل (المحاكي) ونجد الصراع (موضوع الصيد، الصراع مع الحيوانات) ونجد المشاهدين (أفراد القبيلة الذين يحضرون هذه الطقوس).

وكان الإنسان القديم يحاكي الطبيعة من حوله من خلال الحركات والأصوات التي يحاول عن طريقها فهم مكنوناتها والحصول على سبل معيشته فيها من مأكل ومشرب ومأوى، وهو بذلك تحركه رغباته وغرائزه مثل الطفل معبراعن الأشياء التي يريدها بالرقص أو الأصوات أو التمثيل الصامت.

ومن هنا وجدت الطقوس الاحتفالية عند الإنسان القديم نحو الطبيعة التي تسيطر عليه وبيدها وحدها تحقيق مآربه وطلباته ورغباته[1].

وقد دخل هذا الفن على الديانات القديمة والشعوب القديمة مثل السومريين والأشوريين وحكاياتهم وآلهتهم، وكذلك دخل هذا الفن في الديانة الفرعونية وظلرهين المعابد والأديرة وحكايات الآلهة والأساطير الفرعونية المختلفة، وبعد ذلك استغل هذا الفن في العصر اليوناني لخدمة الدين والمثل والأخلاق وحكايات الآلهة وعلاقتهم بالبشر والحروب التي كانت تنشب بين شعوبهم ومدنهم المختلفة.

(1)

وفي العصر الروماني تحرر هذا الفن قليلامن كنف الدين وأصبح يعالج بعض الأمور الأخرى ولكنه ركزعلى وصف الحروب والآلهة والبشر والمشاهد الدموية العنيفة والكوميديات المختلفة.

وفي العصور الوسطى ظهر هذا الفن في الكنيسة لخدمة الديانة المسيحية بعد أن اتسع نطاقها وأصبحت الدين الرسمي العام لهم، فأصبح يستمدموضوعاته من قصص القديسين والرهبان وحكايات النبي عيسى وأمه مريم ابنة عمران - عليهم السلام - والقصص الدينية الأخرى.

وقد تطور هذا الفن وأصبح يعالج القضايا الاجتماعية للناس وخرج عن نطاق الكنيسة وأصبح يُمارس في الساحات العامة.

وفي عصر النهضة كان هذا الفن في أوجه حيث وجد الفنانون الذين احتضنوا هذا الفن واستفادوا من تجارب الشعوب التي سبقتهم وأضافوا عليها الكثير من أحاسيسهم ووجدانهم وكانت هذه الفترة بحق من أخصب المراحل التي مربها هذا الفن.

وحديثادخل هذا الفن في شتى أمور الحياة وأصبح معبراعن هموم وآلام وآمال جميع الشعوب في شتى أنحاء العالم، حيث انه يعمل على تصوير الواقع وتجسيده ومحاكاته بفعّالية وديمومة الحياة، فالمشاهد عند مشاهدته للعمل المسرحي يحسبأهمية الحياة وقيمتها ويجعله يتخذ موقفامن كل ما يشاهده سواء كان ذلك سلباأو إيجاباً.

فالمسرح هو مرآة الحياة الذي يجعل الإنسان يتحسس ذاته ووجوده ومجريات حياته بشكل مبدع وخلاّق، وهو يختلف عن الفنون الأخرى كالتلفاز والراديو والسينما في أن الممثل عندما يحاكي شخصية معينة إنمّا هو يعيش

في تلك اللحظة بظروفها الخاصة وإذا ما أعيدت هذه اللحظة في وقت آخر يتكون لديه إحساس جديد مختلف، كذلك الحال بالنسبة للمشاهد الذي يعيش مع الممثل تلك اللحظة وظروفها.

والفن المسرحي يفقد من قيمته حينما يُسجّل للتلفاز لأنه يفقد لحظة التعايش بين الممثل والمتفرج في زمانٍ معينٍ ومكانٍ معيّن، والمساحة التي تفصل خشبة المسرح والصالة إنما هي المكان الـذي يعرض فيه الممثل فنونه التعبيرية والجسدية وقدراته الذهنية والوجدانية والأدائية والتي يعايشـها المشاهد بكل قدراته لكي تتولد لديه قناعات فكرية وجمالية، (فهو فن مركب يندمج فيه الادب مع اللعب، وتتداخل الفنون التعبيرية والتشكيلية الجمالية، لتترك اثرا اخلاقيا وتعليميا)[1].

ولتأكيد هذا المعنى يرى "كروتوفسكي": (أن المسرح هو ما يحـدث بـين المشـاهد والممثل فقط، وكل شيء آخر إضافي، قد يكون ضروريـاً، ولكنه مع ذلك إضافي)[2].

وبذلك، يمكن أن نعتبر هذا الفن صفقة رابحة بين الممثل والمشاهد ضمن اتفاقية يوافـق عليها الاثنان، فالتمثيل عبارة عن تبادل الخبرات والتجارب التي يجلبها المشاهد معـه إلى المسـرح.. وهذه التجارب هي تجارب شخصية من خلال خبرته في الحياة، فالتجارب التي يجلبها الممثل معـه كذلك

---

[1] انظر- عقيل مهدي يوسف، التربية المسرحية في المدارس، ط1، دار الكندي للنشر والتوزيع، اربد، الاردن، 2001م، ص21 (وسيشار اليه لاحقا بـ: عقيل مهدي يوسف، التربية المسرحية في المدارس).
[2] انظر- جيرزي كروتوفسكي، ترجمة د. كمال قاسم نادر، نحو مسرح فقير، دار الشؤون الثقافية العامة (افاق عربية)، وزارة

هي من الواقع يفترض أن المشاهد لا يعرفها، وهما يختبران هـذه المعـارف والتجـارب فـيما بيـنهما ويتبادلانها ويناقشانها للوصول إلى حلول مقترحة لها.

والمشاهد يعرف بأن ما يشاهده ليس حقيقياوإنما تمثيلاً.. ومع ذلـك يصـدّق كـل مـا يـراه وينفعل معه.. فيبكي ويفرح ويرقص ويغضب.. ويتخذ موقفامن كل ما يشاهده.

ولم يعد في الوقت الحاضر يُنظر إلى الممثل أنه آلة يُنفذ كل ما يطلب منه دونمـا مناقشـة.. بل هو مبدع ومفسّر ومن أهم العناصر المسرحية، ولم يعد المشاهد يأتي لمجرد رؤيـة المسـرحية ثـم خروجه من دون أن يتخذ موقفامن كل ما يـرى بـل أصبح عنصرامبدعايسـاعد الممثـل عـلى نقـل إبداعه ويجعله راغبافي تغيير واقعه الاجتماعي.

وكلّـما تقـدم الـزمن زادت أعبـاء هـذا الفـن وكـبرت مسـئوليته الاجتماعيـة والسياسـية والثقافية, وسيبقى هذا الفـن مناراللمجتمعـات البـشرية يـؤدي رسـالته التـي لا تنتهـي إلابانتهـاء الإنسان على وجه الأرض.

أشكـــال الدرامـــــا:

1. التراجيديا: المأساة -(Tragedy)

(وهي: تتألف من الكلمتين Tragos-odehy ويصبح معنى الكلمة بعـد التركيـب: الأغـاني العنزية)[1] أو (أغنية الماعز), حيث ارتبط وجودها عند الإغريق بالاحتفـالات السـنوية التـي كانـت تقام لإله الخمر والخصب والنماء (ديونيسيوس), وبعد ذلك كانـت تـدلعلى مأسـاة الآلهـة والبــشر وصراعاتهم مع أقدارهم المأسأوية وصراع البشر مع آلهتهم.

وقد حدد (أرسطو) في كتابه: (فن الشعر) مفهوماللتراجيديا يقول فيه: "إن التراجيديا تقليد فنّي لحدث يتميّز بالجدّية والتكامل والنبل والبهاء", وكان يقصد بالنُبل: سموالشخصيات ولغتها، حيث انه يقول: (إن التراجيديا باثارتها لعاطفتي الشفقة والخوف تحقق التطهير من مثل هذه العواطف)[1].

وقد تناول بعض النقاد مفهوم التراجيديا في كتاباتهم حيث عرّفوها: بأنها تعبّر عن حوادث تاريخية محزنة ومفجعة في نفوس الآلهة والملوك والحكام العظام والأبطال الكبار بحيث أنها تعبّر عن النبل والانحطاط معاً، والرفعة التي تتبعها الأخطاء الفادحة التي تحلبالشخصية فتؤدي إلى انحدارها إلى أسفل سافلين.

2. الكوميديا: الملهاة- (Commedy)

وهي: (كلمة أجنبية تقابلها في اللغة العربية كلمة الملهاة أي المسرحية التي يكون فيها الطابع الهزلي المرح والمضحك هو الطابع المسيطر على حوادثها وشخصياتها ومواقفها وربما على الحوار والكلمات فيها)[2].

ويقال انها كلمة يونانية (Comos) تدلعلى الفعل الضاحك أو الساخر, وقد جاءت من خلال ما كانت تقوم به فرقة الكوموس (Comos) اليونانية من مسرحيات ساخرة تتخلّلها النكات والكلمات الضاحكة أمام الجمهور الذي كان يبادلها نفس الطريقة.

ويقول (الأراديس نيكول): (كان أساس الكوميديا هو- كوموس أتيكا- أي طقس شعبي كان يقوم به عدد من المهرجين العابثين الذين ينتظمون في

(1) سمير سرحان، دراسات في الأدب المسرحي، ص33.

(2)

مواكب, ويترنمون بالأغاني التي تمجد اله الخمر عند اليونان القدماء (ديونيسيوس).

ومن كلمة (كوموس) أخذت الملهاة اسمها في اللغات الأوروبية أي: كوميديا (كوموس- أوديا) بمعنى الغناء أو المغني)[1]، وهي تدعو الناس إلى ترك همومهم ومآسيهم جانباوالتفرغ للضحك والمرح, متناسين ما تمربهم من ظروف قاسية، وقد برز في هذا المجال في العصر اليوناني الفنان: "أريستوفانيس".

وهنالك عدة أنواع للكوميديا منها:

أ- كوميديا الموقف.

ب- الكوميديا الرومانسية.

ج- الكوميديا الواقعية.

د- الكوميديا الأخلاقية (الراقية).

هـ- الكوميديا السلوكية.

و- الكوميديا الحديثة.

3- الميلودراما: (Melo drama)

وهي الدراما المسرحية التي تستخدم كل الوسائل والانفعالات المفتعلة الخارجة عن الواقع من خلال استخدام المؤثرات الموسيقية والضوئية, والحيل الفنية المختلفة لاستثارة شجون وأحاسيس المتفرجين تجاه مأساة مخيفة أو فاجعة كبرى في أغلب الأوقات.

وعرفها كذلك البعض بأنها: نوع من المأساة تكون أحداثها مثيرة ومفتعلة بـدون تـرابط في بنائها وبدون منطق في تسلسل أحداثها، ويهدف كتّابها إلى الإثارة والافتعال دون تحقيق قيم فكرية أو أدبيـة سـامية، وقد تـم ترجمـة كلمـة الميلودرامـا إلى اللغـة العربيـة بمـا يعـرف بـ المسـرحية الموسيقية[1].

والمسرحيات الميلودرامية تقترب في بناءها من القصص والمسلسلات التلفزيونية البوليسية التي تبالغ في الأحداث في نهاية العمل الفني, بدون منطقية أو واقعية في طروحاتها الفنية المختلفة.

ويهتم الكاتب المسرحي الميلودرامي بالحبكة كثيراً، حيث أنه يشغل المشاهدين في تحليـل الأحداث والربط بينها والبحث عن حلول منطقية لها ومحاولة الربط بين المتناقضات, وغالباما تركز هذه الأعمال على وضع الشخصيات في مواقع البطولة والإثارة والعنف, والقدرة الخارقـة عـلى فعـل الأشياء الصعبة، وتكون هذه الشخصيات ذات حيوية كبيرة[2].

وقد عرّف بعض النقاد المسرحيين الميلودراما بأنها "الشكل المبسط للمأساة", فهي أقلفكراوموضوعامن المأساة لكنها أكثر منها إنفعالاوالإثارةوجذباللمشاهدة من قبل المشاهدين.

---

[1] أنظر نفس المصدر السابق، ص 509-511.

الظواهر المسرحية العربية:

يقول الباحثون في مجال المسرح بأن العرب القدماء قد عرفوا هذا الفن بعناصره البسيطة.

وفي الجزيرة العربية إبّان العصر الجاهلي وجدت بعض الطقوس والاحتفالات والمعارضات الشعرية واحتفالات الزواج والطهور والطقوس التعبدية حول الكعبة التي اعتبرهـا المؤرخـون بدايـة جـذور الـدراما العربيـة التـي تحتـوي عـلى عنـاصر المسـرح الرئيسـية (الممثـل، الفعـل المـسرحي، المشاهدون).

وقد تضمنت هذه الطقوس: الرقص والغنـاء والايقـاع والاصـوات والادعيـة التـي تقـدم في طـابع احتفـالي. وقـد ورد في القـران الكـريم قولـه تعـالى: **(ومـا كـان صـلاتهم عنـد البيـت الا مُكاءوتصدية)**[1]: أي صفير وتصفيق ورقص في اطار تعبدي احتفالي. وقد كـان العـرب في الجاهليـة يطوفون حول الكعبة عراة وهم يشبكون بين اصابعهم يصفرون ويصفقون[2].

وفي سوق عكاظ حيث الشعر والشعراء والمعارضات الشعرية بين الشعراء أمام الناس ومـا يـدور بيـنهم مـن صراع, حيـث اعتـبر ذلـك شكلامسـرحيابدائيايحتوي عـلى جميـع عناصرالمـسرح الرئيسية.

وقـد اعتـبر المؤرخـون بعـض الطقـوس الاحتفاليـة في الجاهليـة شكلامـسرحياحيث كـانوا يؤدّون أفعالاأمام جمهور الناس الذي يتابع هذه الطقوس ويشترك فيها.

---

[1] الآية (35) - سورة الانفال.

ومن المظاهر الاحتفالية الأخرى: (المنافرات) حيث يقوم رجلان فيفتخر احدهما على الاخر بقبيلته أو بإحدى مناقب العرب كالشجاعة والكرم، ثم يقوم رجل اخر ليحكم بينهما. ومن الأمثلة على المنافرات عند العرب في الجاهلية: منافرة بني فزارة مع بني هلال.

ومن المظاهر الأخرى كذلك: (الاستسقاء) حيث كانت تخرج القبيلة للاستسقاء ممثلةبرجالعن كل بطن منها، فيغتسلون ويتطيبون ثم يطوفون حول الكعبة سبعة اشواط مستغيثين بالله طالبين الرحمة والمطر, ومن امثلة ذلك استسقاء (قوم عاد) بعد مجيئهم إلى مكة بعدما اصيبوا بقلة الامطار والقحط الشديد[1].

وفي العصر الأموي وجد شكل آخر من أشكال المسرح وهو مسرح الحكواتي (القصاص) الذي كان يسرد حكاياته المختلفة المستمدّة من بطولات المسلمين وحروبهم مع الفرس والروم وحكايات بعض الأبطال والقادة، وكان هذا القصّاص الشعبي يمثل حكايته للناس ويقوم بتغيير طبقات صوته حسب الموقف وحسب الشخصية التي يؤدّيها، وكان يلبس لكل شخصية لباساخاصايميزها عن غيرها. وقد كان يستعمل بعض الأعشاب التي تغيّر لون وجهه ويغيّر لون شعره.

وقد وجد نوعان من القصاصين:

1- **القصّاص الرسمي:** وهو الذي يروي حكاياته ويؤديها أمام الخليفة والوزراء وكبار القوم ويتلقى اجراعلى عمله.

(1)

2- **القصّاص الشعبي:** وهو الذي يـروي قصصـه ويحاكيهـا أمـام عامـة النـاس في الشـوارع والساحات العامة. وقد كان بعضهم يقومون بدور كبير من خلال حث النـاس عـلى القتال والجهاد وذكر فضائل الشهداء، وقص الحكايات والاخبار البطوليـة التـي تثـير الحماس عنـد النـاس، امـا الـبعض الاخـر مـنهم فكـانوا يـأتون بالاخبـار والحكايـات الكاذبة[1].

وكان بعض القصاصين يطلبون رضى الحكام والولاة من خلال السخرية مـن خصـوم هـؤلاء الولاة،وتلفيق الاخبار الكاذبة التي تخدم ذوي النفوذ والسلطة[2] وفي العــصر العبـاسي كـذلك وجـد نوعان من القصاصين:

1- **القاص (الحكواتي) الخاص:** وهو الذي يعينه الخليفة ليقص اسماره وحكاياته في قــصر الخلافة.

2- **القـاص (الحكـواتي) الشـعبي:** وهوالـذي يجتمـع حولـه النـاس في السـاحات العامـه ليستمعوا إلى قصصه وحكاياته التي تمـس واقعهـم الاجتماعـي والـديني والتـاريخي والسياسي.

ولمّا وجد بعض الخلفاء أن هذا القصّاص أصبح يتدخل في شئون الدولـة وسياسـتها وينقـد الحكام ويعرّيهم أمام الناس اضطروا إلى منعه من تأدية هذا الفـن وأصـبحوا يلاحقونـه لـكي يبتعـد عن شئون الدولة وسياستها.

---

[1] انظر - شوكت عبد الكريم البياتي، تطور فن الحكواتي في التراث العربي واثره في المسرح العربي المعاصر، ط1، دار الشؤون الثقافية العامة (افاق عربية)، وزارة الثقافة والاعلام، بغداد - العراق، 1989, ص 34- 35 (وسيشار إليه لاحقا: شوقي عبد الكريم البياتي، تطور فن الحكواتي في التراث العربي).

ومن صفات القصاص (الحكواتي): (أن يكون صوته جهورياً، التصنع المباح لجلب القلوب، الكلام المنمق،ان يدرج في كلامه اخبار الوعد والوعيد، عدم ا لتكرار للحكاية)[1].

وقد تطور فن "الحكواتي" فيما بعد حتى أُعتبر شكلاعربياخالصايميّز المسرح العربي عن المسرح الأوروبي والعالمي.

ومن أشكال الفن المسرحي عند العرب "خيال الظل" الذي يحتوي على عناصر العرض المسرحي (المؤدي، الفعل المسرحي، المشاهد).

وهذا الفن هو عبارة عن تمثيليات بدائية تسمّى "البابات" تمثل في خيام متنقلة من القماش تتحرك خلف ستارة بيضاء وقد وضع خلف تلك العرائس ضوء يعكس ظلالها على الستارة.

وكان هنالك أشخاص يحركون هذه العرائس من خلال خيوط مربوطة بين مفاصل العرائس ورؤوس أصابعه, وكانت هذه الحركة تبعالمقتضيات الحوار الذي يؤديه صاحب الخيال[2].

ومن أشهر الفنانين العرب الذين اشتهروا بهذا الفن: (محمد بن دانيال الموصلي) في القرنين الثالث عشر والرابع عشر الميلاديين.

وقد كانت باباته المختلفة تعالج الحياة الاجتماعية بكل دقائقها وكذلك نقد الحكام وطبائعهم وموقف العامة من الأحداث الكبرى والحروب الصليبية

---

[1] شوكت عبد الكريم البياتي، تطور فن الحكواتي في التراث العربي، ص40.

ومظالم الأتراك والأمور السياسية والاجتماعية الأخرى، وتعتبر هذه البابات وثائق تاريخية شـاهدة على واحدمن العصور العربية[1].

ومن أشهر بابات إبن دانيال: (الامير وصال) و"طيف الخيال" و"عجيب وغريـب" و"المتيّم الضائع ـ والغريب"[2].

ومن الأشكال الأخرى للمسرح العربي "الأراجوز" أو "القره قوز".

وقد سمّى بهذا الاسم - حسب بعض الآراء - "لأنه اسم تركي بالأصل يعني "العين السوداء". فهو يعكس الحياة السوداوية والنظرة البائسة للحياة، ويرى البعض الآخر أن (قراقوش) كان أحد الوزراء المشهورين بالظلم والجور في العصر الأيوبي، وعندما انتهى حكمه، أصبح هذا الفن رمزا للسخرية من مظالمه[3].

وهو يقوم على العرائس التي تظهر فوق ستارة تتحرك بمقتضى الحوار المنطوق على لسـان المؤدين[4].

---

[1] انظر- عبد الرحمن ياغي، في الجهود المسرحية (الإغريقية-الأوروبية- العربية)، المؤسسة العربية للدراسات والنشر, ط1، بيروت، لبنان، 1980م، ص89، (وسيشار إليه لاحقاب: عبد الرحمن ياغي، في الجهود المسرحية).

[2] انظر- محمد مندور، المسرح، ص22.

[3] انظر- جمال محمد النواصرة، المسرح العربي بين منابع التراث والقضايا المعاصرة، ط1، عمان، الأردن، 2008م، ص51، (وسيشار إليه لاحقاب: جمال محمد النواصرة، المسرح العربي بين منابع التراث والقضايا المعاصرة).

ومن الأشكال المسرحية العربية "صندوق الدنيا" وهذا الفن يقوم على عرض بعض الصور الملونة التي يقوم الأطفال والكبار بمتابعتها من خلال فتحات زجاجية. وهذا الفن يشبه فن السينما إلى حد كبير[1].

بدايات الدراما العربية الحديثة:

ظل الفن المسرحي العربي يراوح مكانه حينا، ويتطور حينا آخر، من خلال تطور الظواهر المسرحية المختلفة: (الحكواتي، المندرون والملهون، وخيال الظل، الأراجوز، المقامات، الطقوس الاحتفالية الدينية والشعبية المختلفة...)، إلى أن كتب له البقاء من جديد على يد الرائد الأول للمسرح العربي الحديث: "مارون النقاش" (1817-1855م):

فقد عمل "مارون النقاش" على ترجمة بعض المسرحيات الأوروبية إلى اللغة العربية، لتقديمها لعامة الناس بما يتناسب والتقاليد العربية، حيث قام بعرض مسرحيته الأولى "البخيل" للكاتب المسرحي الفرنسي "موليير".

وقد برع (مارون النقاش) في فنون اللغة العربية، مما جعله متفوقاعلى أبناء جيله ومتميزاعنهم[2].

ومن أشهر أعماله: مسرحية أبو الحسن المغفل أو (هارون الرشيد) التي استوحاها من حكايات ألف ليلة وليلة، والتي أثارت حفيظة رجال الدين عليه، الأمر الذي اضطره للسفر إلى مصر.

(1) انظر- نفس المصدر السابق، ص25.
(2)

وقد قام "مارون النقاش" بعد ذلك, بنشر هذا الفن في مصر, حيث التقى هنالك بعض الفرق الأوروبية التي كانت تقدم عروضها على مسارح مصر, وفي قصور بعض الحكام من الخديوية.

أما الرائد الثاني للمسرح العربي ورائد المسرح في بلاد الشام, فهو:

"أبو خليل القباني" (1833- 1902م):

وضع أبو خليل القباني أول مسرحية عربية أصيلة, هي (ناكر الجميل) عـام 1865م, وقـد شجعه الوالي مدحت باشا على إنشاء مسرح خاص به, ولكن بعد ذلك تم إغـلاق مسـرحة وحرقـه, بحجة الخروج على الدين, ونتيجة المضايقات التي أحاطت به من الحكام الأتـراك في الشـام, الـذين رأوا في مسرحه تهديدا لمصالحهم, فعملوا على تأليب قلوب العامة عليه وعلى مسرحه, ممـا اضطره أخيرا للسفر إلى مصر, ليكمل ما بدأه في الشام, فغادر إلى مصر عام 1884م, وأسس فرقة خاصة بـه, وتجول بها في أنحاء مصر, حيث عرض أكثر من ثلاثين عرضامسرحياً.

ومن مميزات مسرح القباني: التركيز على التحدث باللغة العربية الفصيحة, والاعتماد عـلى الموروث الشعبي التراثي, واشتمال مسرحياته على فنون الإنشاد والرقص والتمثيل والغناء.

وقد ألف مجموعة من المسرحيات المستوحاة من قصص(ألف ليلة وليلة), وأخرى تاريخية وأجنبية, ومن هذه المسرحيات: الرشيد, الأمير غانم, عنترة, مجنون ليلى[1].

وعندما احترق مسرحه في القاهرة، ساءت صحته، فغادر إلى سورية مقعداً، وباع منزلـة في دمشق, وظل فيها حتى توفي عام 1902م عن عمر ناهز التاسعة والستين عاما[1].

وفي مصر عمل الفنان المصري - يهودي الأصل- (يعقوب صنّوع) على نشـر هـذا الفـن في مصر وتطويره وتكوين فرقة مسرحية خاصة به.

وقد عرف يعقوب صنوع بـ" أبو نظارة"، وكان مثقفاً، دارسـاللأديان، متقنالعـدة لغـات، ومؤسسالعدة صحف، ومن أشهر مسرحياته: الـوطن والحريـة[2], وقد لقبـه الخـديوي إسماعيل: (موليير مصر)[3].

ومن الجدير ذكره هنا أن الباحث الدكتور: سيد علي إسماعيل في كتابه: (محاكمـة مسـرح يعقوب صنوع) أثبت أن يعقوب صنوع, لم يكن رائد المسرح المصري الحديث, ولم يكن احد رواد المسرح العربي الحديث- كما عرفنا- سابقا من مصادر أخرى.

وقد أشار (د.سيد علـي إسماعيل) إلى أن" (محمـد عثمان جلال) هـو أول مصري كتب مسرحيات باللغة العربية (اللهجة المصرية الدارجة) في عامي: (1870 و1871) عندما كتب ونشـر مسرحيات: لابادوسيت, مزين شاويلة, الفخ المنصوب للحكيم المغصوب، في حين أن (سـليم خليـل النقاش)

---

[1] محمد عزام، مسرح سعد الـله ونوس بين التوظيف التراثي والتجريب الحداثي، ص243.

[2] عبد الرحمن ياغي، في الجهود المسرحية, ص126.

[3]

هو صاحب أول فرقة مسرحية عربية تعرض مسرحياتها في مصر عام 1876م"[1].

وقد ساعد دخول بعض الفرق الأوروبية المسرحية إلى مصر على الاهتمام بهذا الفن, الذي ارتاده الكثيرون من الناس, لانبهارهم به, وإعجابهم بما يعرض من خلاله، إضافة الى قيام بعض الفنانين العرب بالسفر إلى الدول الأوروبية لدراسة هذا الفن وأصوله, ليعودوا إلى بلدانهم, وقد تسلحوا بالمعرفة العلمية والتطبيقية, وليطبقوا ما درسوه فيها, وليساهموا في نشره وازدهاره.

وفيما بعد ظهرت مجموعة من الفرق المسرحية العربية المختلفة التي جابت معظم الدول العربية لنشر هذا الفن وتطويره.

وحديثاتبنت المؤسسات الثقافية العربية هذا الفن (في منتصف القرن العشرين), وأنشأت كليات متخصصة في الفنون المسرحية, حتى أصبح هذا الفن يظاهي المسرح الأوروبي, بفضل الفنانين الذين عشقوه, وكرسوا حياتهم من أجل ديمومة حيويته, واستمراره في نشر رسالته.

---

[1] للمزيد عن هذا الموضوع: انظر- سيد علي اسماعيل, محاكمة مسرح يعقوب صنوع, الهيئة المصرية للكتاب, بدون رقم

الباب الثاني

المســـرح التعليـــمي

المســـرح التعليمـــي

المسرح التعليمي هو الوعاء الذي يضم: مسرح الطفل (الاحترافي) والمسرح المدرسي والدراما التعليمية.

ويخلط الكثيرون بين هذه المسميات, الأمر الذي يجعل القارئ في حيرة والتباس, ولا يقوى على التفريق بين خصائص ومميزات كل وسيلة من وسائل المسرح التعليمي, فمسرح الطفل غير المسرح المدرسي, والدراما التعليمية تختلف عنهما, غير أن جميع هذه الأشكال/ الوسائل تشترك في أهميتها وفوائدها, وتأثيرها على حياة الطفل/الطالب من النواحي التعليمية والاجتماعية والسلوكية.

وسائل المسرح التعليمي:

أولا - مسرح الطفل (الاحترافي).

ثانيا - المسرح المدرسي.

ثالثا - الدراما التعليمية-(Dramma In Education) .

أولا: مسرح الطفل (الاحترافي):

وهو المسرح الموجه للطفل ويعتمد على نص مسرحي محترف مأخوذ مـن التـراث أو مـن الواقع أو من المنهاج الدراسي.

ويرى (سيكس) أن مسرح الأطفال هو لفظ خلاق يعبر عن عملية الأداء الفعلي لمسرحية, أو أي عمل مسرحي بواسطة ممثلين أمام جمهور من الأطفال[1].

ويتم في هذا المسرح استخدام عناصر العرض المسرحي المختلفة مثل الديكور، الإضاءة، المؤثرات الصوتية والموسيقية والملابس, بحيث تخرج المسرحية بقالب مسرحي محترف, ويقوم بالتمثيل ممثلون محترفون بمشاركة الممثلين الأطفال, ويتم عرض المسرحية في مسارح محترفة, ويشاهدها جمهور غير مشارك في الأحداث الدرامية بشكل مباشر[2].

فمسرح الطفل بمثابة وعاء يمكن من خلاله استثارة انتباه الطفل وتنمية حسه وتذوقه الفني لتعليم القيم التربوية, ويسهم في توسيع مدارك الطفل لفهم ما يدور حوله, واتخاذ مواقف مختلفة حول هذه التجارب والخبرات, ويساعده على تحقيق الاتزان العاطفي[3].

(1) انظر- جيرالدين براين سيكس, الدراما والطفل, ترجمة د. إملي صادق ميخائيل, تقديم د. سعدية محمد بهادر, ط1, عالم الكتب, القاهرة, مصر, 2003, ص31 (وسيشار إليه لاحقا بـ: سيكس, الدراما والطفل).

(2) انظر – محمد احمد أبو غزلة وآخرون، دليل المعلم في الدراما في التربية والتعليم للصفوف الأربعة الأولى، ط1، وزارة التربية والتعليم، الأردن، 1999، ص10 (وسيشار إليه لاحقا بـ: محمد أبو غزلة وآخرون، دليل المعلم في الدراما في التربية والتعليم للصفوف الأربعة الأولى).

(3) انظر- ايمان العربي النقيب, القيم التربوية في مسرح الطفل, تقديم د:شبل بدران, ط1, دار المعرفة الجامعية, الإسكندرية,

ويذكر بعض الباحثين أن مسرح الطفل بدأ منذ أيام الإغريق, حيث أن احد الممثلين ويدعى (هوبوثينوس) كان يستخدم العرائس في عروضه المسرحية للآلهة في أثينا, وفي انجلترا إبان القرن الثاني عشر الميلادي عرضت مسرحيات للاطفال تحوي أناشيد وحركات كوميدية ورقصات[1].

ومن المعروف لدينا أن الممثلين الإغريق كانوا يستخدمون الأقنعة على وجوههم, لعـدة أسباب, منها: أن مسارحهم كانت كبيرة, ولذلك كان من الضروري لبس الأقنعة المجوفة التي تساعد على توصيل الصوت للمشاهدين, إضافة إلى أن القناع يمثل الشخصية التي يمثلها الممثل, ولـذلك فليس من الثابت-حسب رأيي- أن الإغريق عرفوا فن المسرح الموجه للطفل على وجه الخصوص.

وفي دول جنوب شرق آسيا, وتحديدا في اليابان والصين, عرف مــسرح العرائس, حيـث أن هاتين الدولتين عرفتا مسرح الدمى والعرائس مبكرا.

وحديثا اهتمت بعض الدول بمسرح الطفل, ففي ألمانيا كانت هناك شخصية فكاهيـة تسمى (هانزورست) ظلت تحظى بإقبال المتفرجين من الأطفال في القرن السادس عشر الميلادي.

[1] عقيل مهدي يوسف, التربية المسرحية في المدارس, ط1, دار الكندي للنشر والتوزيع, اربد, الاردن, 2001م , ص7, (وسيشار

وفي القرن السابع عشر الميلادي اهتمت انجلترا بمسرح الطفل, حيـث بنـي مسـرح صغير لطلبة مدرسة (سانت بول) بالقرب من الكاتدرائية.

وفي ايطاليا كانت هناك مسرحيات متعددة للأطفال باستخدام العرائس, والتي كان يـشرف عليها: (يانش وجودي).

وفي الدانمارك, أنشئ مسرح يقدم في كل عـام مسرحيات متعددة تـشرف عليها لجنة منتخبة من نقابات المعلمين وجمعية المسرح المدرسي.

وقد انشأت في انجلترا عام 1959 (منظمة مسرح الطفل البريطاني- BCTA), حيث ان من اهم اهدافها: تربية الطفل من خلال الدراما والمسـرح وتشجيع تـذوق الاطفـال وتقـديرهم لفنـون المسرح[1].

ففي الولايات المتحدة الأمريكية –على سبيل المثال- تم الاهتمام بهذا الفن فـي عـام (1903م)، حيـث تأسـس المسرح التعليمي للأطفال في ولاية نيويورك، لكن الانطلاقـة الرسـمية لهذا الفن كانت خلال الفترة (1930 – 1950)[2].

ومن الدول التي اهتمت بمسرح الطفل كذلك روسيا، حيث تم إنشاء المـسرح السـوفييتي للأطفال عام 1918م.

---

[1] انظر نفس المصدر السابق, ص63-67.

[2] Mc caslin, Nellie, Historyical guide to children theatre in America, Green wood press, U. S. A- 1987 ص7 وص26.

ويمكننا القول أن معظم الدول في القرنين: التاسع عشر والعشرين الميلاديين لمست أهمية هذا الفن ودوره التعليمي والاجتماعي.

وعربيا, تم الاهتمام بهذا الفن بعد منتصف القرن العشرين الميلادي المنصرم, ونظرا لأهمية مسرح الطفل, فقد أوصى المؤتمر العام للمنظمة العربية للتربية والثقافة والعلوم عام 1970م بانتهاج سياسات تربوية عربية تسهم في جعل المسرح التربوي المدرسي جزءا من حياة الطالب.

أما في الأردن, فقد بدأ الاهتمام بمسرح الطفل رسميا في بداية عقد السبعينات مـن القرن الماضي، حيث قدمـت أسرة المسرح الأردني مسرحيـة (الوعد) التي عرضـت على مسرح القبانـي في دمشـق بتاريخ (21-4-1971م)[1].

وسوف لن يتم التركيز في هذا الكتاب على مسرح الطفل (الاحترافي).

ثانيا: المسرح المدرسي:

المسرح المدرسي: (هو ضرب من النشاط الفني الجماعي الذي يتكون كادره مـن التلاميـذ والمدرس المتخصص بفنون المسرح, وتشرف عليه المدرسة)[2].

فهو المسرح الذي يقتصر وجوده مكانيا في المدرسة, حيث أن فريق العمل فيه يتألف مـن المعلم والطلاب الذين يعملون كفريق واحد لإنتاج المسرحية, ومواضيعه عـادة تكون مأخوذة مـن المناهج الدراسية أو من

[1] انظر – عبد الرحمن ياغي، في الجهود المسرحية، ص268- 269.
[2]

مواضيع تربويـة وتاريخيـة ودينيـة تهـم الطلاب, ويكون جمهـور المــسرحية غالبـا مـن المعلمـين والتربويين وأهالي الطلبة.

والمسرح المدرسي يعتبر كذلك تلك الوسيلة التربوية الذي تتخذ مـن المــسرح شـكلا, ومـن التربية وتعاليمها مضمونا من خلال استخدام تقنيات مسرحية بسيطة مثل الديكور المعبر والملابس الدالة على الشخصيات والإضاءة الجذابة دون مغالاة في هذه العناصر.

فهذا المسرح له خصوصية تتمثل في عرض الموضوعات التربوية والمناهج الدراسية والقضايا التربوية المختلفة التي تهم الطالب خلال المراحل الدراسية المختلفة، ويعتبر نافذة للطالب علـى المجتمع المحيط به, إضافة الى علاقة الطالب مـع مـن حولـه مـن النـاس والمؤسسـات ذات العلاقـة بحياته.

والمسرح المدرسي يعمل على صقل شخصية الطالب وتهذيبها وتعليمها السلوكات الإيجابية ويعمل على تكاملها وانخراطها في المجتمع.

كما أنه يعتبر النواة الأولى التي رفدت الحركة المسرحية بكوادر فنيـه هامـة نقلـت هـذا الفن إلى درجة عالية من التطور والازدهار.

وأكبر دليل على ذلك هو أن معظم الفنانين في جميع البلدان كانت بداياتهم مـن خـلال المسارح المدرسية.

ونظرا لأهمية المسرح المدرسي ودوره الإيجابي على سلوكيات الطلاب وتكامـل شخصياتهم فـإن وزارات التربيـة والتعلـيم في جميـع أنحـاء العـالم اهتمـت بـه وأعـدت لـه الخطـط والبـرامج والفعاليات الضرورية له.

وقد قامت هذه الوزارات كذلك بتعيين كوادر فنية مؤهلة في مجال المسرح والتربية للعمل في هذا المجال مع الطلاب وتحقيق الطموحات التربوية المأمولة, وأقيمت المسابقات المختلفة في مجال العروض المسرحية والتأليف المسرحي والمسابقات التي لها علاقة بهذا الفن مثل الإلقاء والخطابة.

وحديثا أصبح هذا الفن رديفا للمدرسة في تعاليمها ومعارفها ونشر فلسفتها التربوية بشكل فني جذاب يحدث آثارا كبيرة في نفوس العاملين به والمتفرجين عليه.

ويعتبر المسرح المدرسي جزءا مهما من النشاط الثقافي الذي يستهدف تطوير الأولويات الضرورية لصحة وسلامة الجيل الجديد؛ هذا الجزء المهم الذي يضاف إلى الجوانب الضرورية الأخرى ويشكل في النهاية شكلا فنيا متناسقا ومفيدا في العملية التربوية التي تتمتع بنشاط ثقافي صفي أو لا صفي يعكس مدى الاهتمام الذي توليه دوائر التربية بمصير الجيل الجديد ومستقبله.

فالمدرسة التي تسهم بنشاط في المهرجانات المسرحية وتربح التقديرات والجوائز باستمرار، تعكس حجم المستوى الثقافي والعلمي للهيئة التدريسية والإدارة, ولذا فقد اصطلح الناس على تسمية هذه المدرسة بـ: المدرسة النموذجية, والسبب في ذلك هو: النشاط المدرسي المبرمج وقدرتها على خلق علاقات سليمة بين المدرسين والطلبة من جانب والطلبة والمجتمع من جانب آخر.

وتعمل المدرسة النموذجية على الاهتمام بالنشاط المدرسي الثقافي الذي يعكس اهتمامات الطلاب ويفجر مواهبهم وميولهم ويشجعهم على مواجهة الحياة، وأثناء مشاهدة الطلاب للعروض المسرحية المدرسية فإن هناك كثيرا

من التساؤلات تجول في خواطرهم تدفعهم إلى محاولة الربط المنطقي بين كل ما يشاهدون ويدفعهم إلى التعمق في الاتجاهات النظرية والعلمية وتترك أثرا احتفاليا في أنفسهم على الدوام.

إن عملية اختيار النصوص المسرحية المختلفة سواءا كانت من المناهج الدراسية أو من خارجه تعمل على تحقيق رغبات الطلاب وأذواقهم المختلفة وتدفعهم إلى اكتساب معارف ومهارات وخبرات تعليمية مختلفة. كذلك يعمل المسرح المدرسي على ترسيخ القيم الدينية والأخلاقية والتربوية في نفوس العاملين به والمتفرجين عليه.

إن الاهتمام بمشاكل المسرح المدرسي ودراستها وتحليلها سوف يكون له اثرا إيجابيا في تفجير قابليات الطلاب مستقبلا وتطور ابداعاتهم، وبذلك يكون المسرح المدرسي قد ساهم في عملية إعداد الإنسان السوي المتجدد وفاعليته الإيجابية تجاه حياته ومجتمعه الذي يعيش فيه [1].

وبذلك تكون المدرسة وكل أجهزة التعليم قد حققت بحق أعظم واجب ديني ووطني وقومي تجاه نفسها ومستقبل مجتمعها ووطنها.

أهداف المسرح المدرسي:

إن أهداف المسرح المدرسي كثيرة تحددها أهميته وخصوصيته كعامل أساسي يساعد الطالب على التكيف مع الحياة ومعرفة معانيها.

[1] انظر- احمد شوقي قاسم، المسرح الاسلامي روافده ومناهجه، دار الفكر العربي، مصر،1980، ص417, (وسيشار إليه لاحقا

والمسرح كوسيلة تربوية بصرية يساعد الطالب على الفهم بسهولة ويسر من خلال إثارة حواسه.

وتشير بعض الدراسات إلى أن نسبة المعرفة من خلال حاستي السمع والبصر تصل إلى حوالي 98%[1].

فالمسرح يعتمد على الصوت والصورة المرئية التي تحددها الاشارات والإيماءات والتكوين والتركيز والصوت الذي يتحدد من خلال بعض المؤثرات مثل الإنشاد، الترتيل، الغناء، الموسيقى، المؤثرات الصوتية الأخرى، ويعمل على تحويل المجردات إلى محسوسات ذات حيوية.

والكثير من المدارس اليوم تعتبر هذا الفن وسيلة تربوية هامة في إفهام المناهج للطالب, لذا فقد وضعته في خططها الدراسية كجزء هام من وسائلها الإيضاحية، حيث يسهم المسرح المدرسي في تنمية استعداد الطلاب وتوجيههم الوجهة الاجتماعية السليمة من خلال ما يطرح من مشاكل اجتماعية ومواضيع ذات علاقة بحياته وعلاقته مع المجتمع، ويبرز ميول ومواهب الطلاب وينمي لديهم القدرة على التذوق الفني للأعمال الفنية المختلفة.

والمسرح يعمل على التنفيس لدى الطالب من خلال ما يعرض أمامه بحيث يجد نفسه يفرغ كل طاقته بكل ما يرى ويعبر عن عواطفه المكبوتة ورغباته التي يخفيها.

وهذا ما يعرف في علم النفس بـ (الاتزان النفسي) أو (التطهير).

---

[1] انظر- اسعد عبد الرازق وعوني كرومي، طرق تدريس التمثيل, وزارة التعليم العالي والبحث العلمي، مطابع مؤسسة دار الكتب للطباعة والنشر في جامعة الموصل، العراق، 1980. ص55 (وسيشار إليه لاحقا بـ: اسعد عبد الرازق وآخرون,

إذن فالتمثيل يعمل على وجود الصحة النفسية لدى الطالب من خلال التعبير عن الانفعالات النفسية والرغبات المكبوتة ويقضي على بعض المظاهر السلوكية السلبية مثل الخجل والكبت والخوف[1].

ونستطيع أن ندرج فيما يلي أهم أهداف وفوائد المسرح المدرسي:

1- المتعة: إن هذا الفن يثير في النفس الإنسانية المتعة والسرور باعتباره يحتوي على العناصر الفنية المختلفة: الديكور، الإضاءة، الملابس، الموسيقى, وغيرها.

2- الوظيفة التربوية: من خلال ما يعرض به من قيم تربوية وتعاليم وما يعرض من خلاله لتوضيح المناهج الدراسية المختلفة وسهولة فهمها.

3- الوظيفة الدينية والاجتماعية والوطنية والسياسية والثقافية: حيث أن المسرح المدرسي من خلال ما يعرض به يؤدي دورا اجتماعيا بارزا ويعزز علاقة الطالب بالمجتمع المحيط بهم ويعمق انتماءه بوطنه وتراثه ويزيد من خبراته ومعارفه المختلفة[2].

4- إن إمكانية التقمص الأدوار ومحاكاة الشخصيات المختلفة تحقق المتعة في نفس الطالب المؤدي وفي نفس الطالب المتلقي.

[1] انظر- بيتر سليد، ترجمة كمال زاخر لطيف، مقدمة في دراما الطفل، منشأة المعارف بالإسكندرية، مصر، 1981، ص116-125, (وسيشار إليه لاحقا بـ: بيتر سليد، مقدمة في دراما الطفل).

[2] McGregor,Lynn (etal), Learning Through Drama, Goldsmith's college university of london, Britain, 1977. ص154

5- الاتزان النفسي:

حيث أن الطالب من خلال مشاهدته لما يرى في المسرح المدرسي يطلق العنان لعواطفه لكي يعبر عما في داخله ويحس بأن غيره استطاع التعبير عما في نفسه[1], فالطالب المؤدي عندما يقوم بتمثيل شخصية ما يستطيع إظهار عواطفه هو من خلال الشخصية التي يمثلها ويستطيع التعبير بحرية على لسان تلك الشخصية.

6- تحقيق الذات:

وذلك من خلال تمثيل الطالب للنموذج الكامن في نفسه وأعماقه وينعكس ذلك على الطالب بحيث يحس بالسرور والثقة بالنفس وإثارة انتباه الآخرين له.

7- يعزز ارتباط الطالب بالمثل والقيم والمبادئ السامية, وبتاريخ أمته ووطنه وتراثه, ويساعده على تكوين اتجاهات اجتماعية[2].

8- يساهم في بناء شخصية الطالب وتكاملها وتفاعلها مع غيرها وبناء علاقات اجتماعية جديدة من خلال العمل المسرحي الذي يعتبر عملا جماعيا بحتا.

ويقول (سيكس): (إن فن الدراما هو أحد أهم الوسائل التي تؤدي للكشف عن الذات, وعن العالم الخارجي)[3].

[1] انظر – اسعد عبد الرازق وآخرون, طرق تدريس التمثيل , ص29- 30.
[2] انظر – إيمان النقيب, القيم التربوية في مسرح الطفل, ص15.
[3]

9- يقضي على بعض المظاهر السلوكية والنفسية عند بعض الطلاب مثل الخجل والخوف والارتباك والانطواء النفسي (العزلة), فيعمل على إزالتها من خلال اشتراك الطالب في العروض المسرحية ومشاهدتها والتعود على مقابلة الجمهور دون خوف أو خجل أو رواسب نفسية[1].

10- القضاء على أوقات الفراغ لدى الطلاب واستثمارها في الفائدة والنفع واكتساب سلوكات إيجابية مهذبة وعمل علاقات في الصداقة.

11- التعرف على هذا الفن وقواعده ومبادئه واكتساب خبرات جديدة في التمثيل والإخراج والديكور والإضاءة وكافة عناصر العرض المسرحي.

12- مسرحة المناهج الدراسية ونعني بها استخدام المسرح المدرسي في عرض المناهج التعليمية وتيسير سهولة فهمها بطريقة جذابة وممتعة.

13- تحقيق رغبات الطلاب المختلفة بما يتناسب ومراحلهم العمرية المختلفة وما يعرض من خلاله لإشباع هذه الرغبات والتفاعل معها, (فإذا أدرك المعلمون والطلبة الأهداف المتوخاة من النشاطات الدرامية, فأنهم سيشاركون في العمل بمتعة وبرغبة كبيرة)[2].

14- تعود الطلاب على استخدام اللغة العربية الفصحى واكتساب قدرات جديدة في مجال الإلقاء الصحيح وفهم المفردات الجديدة والجمل المعبرة وممارستها, وتطوير قدراتهم على التكيف مع المواقف المختلفة, والتعبير عن مشاعرهم وأحاسيسهم, وتنمية شخصياتهم[3].

---

[1] انظر- اسعد عبد الرازق وآخرون, طرق تدريس التمثيل , ص30.
[2] انظر- سيكس, الدراما والطفل, ص22.

لذلك كان المسرح المدرسي في غاية الأهمية بالنسبة للطلاب في مدارسهم وفي قطاع التربية والتعليم الذي يسعى دائماً إلى تحقيق الأهداف والقيم التربوية المثلى وتكامل شخصية الطالب وتفاعله مع المجتمع المحيط به وتعزيز انتماءه لوطنه ودينه والاعتزاز بتراثه الإسلامي والعربي وقيامه بدوره المنوط به في خدمة دينه ووطنه ومجتمعه.

مواصفات المشرف المسرحي (المخرج) في المدرسة:

إعتاد المشرفون المسرحيون في عملهم مع الطلاب من خلال المسرح المدرسي على تجاربهم الشخصية في هذا المجال أو على دراستهم الأكاديمية التي درسوها أثناء وجودهم في أكاديميات الفنون المسرحية أو إعتمادهم على خطط وبرامج الوزارات والقطاعات التعليمية في هذا المجال.

ويعمد بعض هؤلاء المشرفين من خلال تعاملهم مع الطلاب بالعمل معهم وكأنهم ممثلون محترفون، مع أن المسرح التعليمي له خصوصيته الفنية والتربوية وله أهدافه الخاصة التي يتميز بها عن المسرح العام.

وهنالك الكثيرون من المخرجين المسرحيين الذين يقدمون العروض المسرحية للطلاب من أجل الربح المادي متناسين طبيعة هذا القطاع المسرحي وخصوصيته، وهنالك فئة أخرى منهم درسوا المسرح المدرسي من الناحية الفنية ولم يدرسوا هذا المسرح من الناحية التربوية التعليمية وطبيعة التعامل مع الطلاب ومراحلهم التعليمية، ومراحلهم العمرية ونموهم النفسي [1].

ولقد اهتمت أكاديميات الفنون المسرحية حديثا بالتركيز على طرق التدريس التربوية لهذا الفن وكذلك اهتمت بتدريس المعارف والعلوم ذات

العلاقة بهذا الفن مثل: علم النفس التربوي، علم نفس النمو، طرق التدريس، الوسائل التعليمية، مسرح الطفل، فن الالقاء، التذوق الجمالي والموسيقي، علم الجمال، فنون الإذاعة والتلفزيون، فنون البلاغة والخطابة، واللغة العربية الفصحى.

إن التخطيط السليم في هذا المجال لإعداد المشرف المسرحي في المدرسة سيفجر إبداعاته وطاقاته ويمنحه الثقة والقدرة على تطوير هذا المجال.

وعلى المشرف المسرحي أن يتحمل كل ما يعترض سبيله من مشاكل ومعوقات والتعامل معها بشكل سليم والعمل على إزالتها وتجاوزها[1], وعليه كذلك أن يتحمل مسئوليته كمشرف مسرحي وكمربي له دوره التربوي المتميز على مستوى المدرسة.

ومن المواصفات التي ينبغي توفرها في المشرف المسرحي:

1- المحافظة على القيم الدينية والأخلاقية المثلى.

2- الانضباط والالتزام بالعمل.

3- الدراسة الأكاديمية أو الدورات التدريبية في مجال المسرح المدرسي والدراما التعليمية, والفنون الاخرى ذات العلاقة.

4- الإلمام بفلسفة التعليم الحديثة في المراحل المختلفة.

5- الإلمام بعلم نفس الطفل وسيكولوجية الطلاب في مراحلهم العمرية المختلفة.

6- الإلمام بأدب الأطفال وخصوصية مسرحهم.

7- التعامل التربوي مع الطلاب واحترام آراءهم ومناقشتهم بأسلوب تربوي متطور.

8- أن يكون متمتعا بشخصية محبوبة من قبل الطلاب وأن يحترم آراءهم ومقترحاتهم ويناقشهم بأسلوب تربوي متطور.

9- التعامل الحسن مع زملائه في المدرسة أثناء قيامه بتنفيذ عروضه المسرحية وتقبل آراءهم.

10- القدرة على تنفيذ العرض المسرحي بحيث يحتوي على عناصر التشويق لدى الطلاب وأن يتضمن العرض: الأناشيد والغناء والموسيقى.

11- أن يكون مؤمنا برسالة المسرح التعليمي ودوره التربوي والأخلاقي والاجتماعي.

12- القدرة على ترتيب أفكاره, والتخطيط لها ووضع الخطط اللازمة لهذا المجال ومواعيد التدريبات اللازمة بالاتفاق مع الطلاب أثناء أوقات فراغهم.

13- بث روح الفريق الواحد بين الطلاب المشاركين معه في العروض المسرحية، وحثهم على احترام بعضهم البعض.

14- أن يكون له منهج واضح في تعامله مع الطلاب وطريقة مميزة اثناء اخراجه للعروض المسرحية.

15- القدرة على إثارة أحاسيس الطلاب وتفجير مواهبهم وقدراتهم في مجال التمثيل وتطويرها والاستفادة منها في العروض المسرحية.

16- أن يعرف أنه مخرج, ولذا يجب عليه أن يكون مفسرا للنص المسرحي بعد أن يضيف عليه رؤيته الإخراجية والجمالية، متحملا مسئولية العرض المسرحي سلبا وإيجابا، وقادرا على التعامل مع كافة عناصره من أجل الحصول بالتالي على عرض مسرحي تربوي متميز.

17- القدرة على التعامل مع الإمكانات المادية والإدارية للمدرسة أو القطاع المدرسي وتنفيذ العرض المسرحي المتلائم مع هذه الإمكانات.

18- أن يكون ملما بالعادات والتقاليد الاجتماعية للمجتمع الذي يعيش فيه, وأن يكون ملما بنفسية المشاهدين وطبيعة ثقافتهم إذا كان العرض المسرحي اجتماعيا[1].

مبنى المسرح المدرسي:

يعتبر المسرح المدرسي إحدى الكيانات المادية الهامة في المدرسة، وبما أنه من النادر وجود مسرح في الإطار المعماري للمدرسة، لذا أصبح من الضروري التفكير في خطة عملية تجعل من المدرسة مسرحا للتلاميذ يمارسون فيه هواياتهم المحببة لديهم.

ويمكن تقديم العروض المسرحية في إحدى الأماكن التالية:

1- فناء المدرسة أو الحديقة أو الساحة.

2- قاعة المدرسة.

3- في داخل غرفة الصف.

ويمكن أن تكون أشكال خشبة المسرح كما يلي:

1- خشبة المسرح مرتفعة بمقدار (40 - 50سم) وصالة المشاهدين بمستوى الأرض.

2- خشبة المسرح التي تكون بمستوى الأرض وصالة المشاهدين متدرجة.

3- خشبة المسرح التي تواجه الصالة وتمتد بعرض الصالة كلها، ويمكن أن يحدث امتداد لمقدمة وسط المسرح نحو المشاهدين.

ويمكن للمخرج أن يبدع في ابتكار اشكال مختلفة لخشبة المسرح وعلاقاتها مع الجمهور حسب طبيعة النص المسرحي وطريقة إخراجه له[1].

فمثلا يمكن عمل خشبة مسرح بسيطة من خلال تجميع بعض المقاعد المدرسية أو الطأولات المختلفة مع بعضها البعض ووضع عمودين من الخشب على الجانبين لوضع ستارة قماشية بسيطة تثبت من خلال المسامير الفولاذية أو الخيوط ضمن نظام يسهل عملية فتحها وإغلاقها.

ويمكن أيضا عمل كالوسين على الجانبين لدخول الممثلين ويكونان مغطيين بالقماش من الجهة الأمامية للجمهور لإخفاء الطلاب / الممثلين قبل دخولهم إلى خشبة المسرح[2].

ويعتبر الصف هو المكان الذي يقضي به الطالب معظم وقته الدراسي داخل المدرسة، ويمكن أن نحبب هذا المكان في نفس الطالب من خلال تقديم بعض العروض المسرحية داخله والاستفادة من كل اجزاءه المختلفة, فالحجرة

---

(1) انظر – اسعد عبد الرازق واخرون، طرق تدريس التمثيل، ص125.

(2) انظر – محمد شاهين الجوهري، الاطفال والمسرح، الهيئة المصرية العامة للكتاب، مصر،1986, ص7-9, (وسيشار إليه

الدراسية هي أفضل مكان لإقامة العروض المسرحية التي تحوي المناهج المسرحية والدراما التعليمية.

الفرقة المسرحية داخل المدرسة:

الفرقة المسرحية المدرسية: هي مجموعة الطلاب الموهوبين في مجال التمثيل المسرحي في المدرسة, وقد تحتوي على بعض الطلاب الموهوبين في مجال الرسم والديكور وبعض الطلاب الآخرين للمساعدة في مجال الاضاءة والصوت والإدارة المسرحية.

وتتكون هذه الفرقة من طلاب الفصول المختلفة في المرحلة الواحدة أو من عدة مراحل دراسية. ويشرف على هذه الفرقة مشرف مسرحي متخصص في مجال الإخراج المسرحي والمسرح المدرسي التربوي أو أحد المعلمين الحاصل على دورات تدريبية في مجال المسرح المدرسي.

وغالبا ما يتولى الإشراف على الفرقة أحد معلمي اللغة العربية, وتشارك هذه الفرقة في المناسبات والاحتفالات المدرسية أو المناسبات المختلفة على مستوى القطاع المدرسي[1].

ويتم إختيار الطلاب كأعضاء دائمين في الفرقة من خلال الاعلانات عن الفرقة وشروطها داخل المدرسة , ثم تعد بعد ذلك الاختبارات الأولية لهم من خلال إجراء بعض التمارين الصوتية والتعرف على مدى مواهبهم وميولهم المختلفة في مجال المسرح, ثم بعد ذلك يتم إعداد ملف خاص بالفرقة يحتوي على اسماء الطلاب وصفوفهم وأوقات تدريبهم وعناوينهم وكافة المعلومات الخاصة بهم.

وقد تقوم هذه الفرقة بإعداد العروض المسرحية ذات الطابع المدرسي المنهجي أو العروض التربوية والدينية والتاريخية والاجتماعية، ويتم تدريب الطلاب في أوقات الفراغ أثناء الدوام الرسمي أو في حصص النشاط المدرسي أو قد يتم التدريب خارج أوقات الدوام الرسمي بحيث يتم تحديد الوقت المناسب لجميع أعضاء الفرقة المسرحية.

ويبرز هنا دور المشرف المسرحي/ (المعلم المشرف) بحيث يتعرف على كيفية التعامل معهم وكسب ثقتهم واستخدام الاسلوب المناسب أثناء التدريبات لإثارة خيالهم وتفجير طاقاتهم ومواهبهم، وأن يزرع الثقة بينهم ويدربهم على طاعته وتنفيذ توجيهاته، ويعلمهم على أساليب الارتجال والتعامل مع المواقف الصعبة والخروج من المآزق المختلفة بطريقة ذكية وسلسلة.

وعلى المشرف المسرحي التأكد من مدى التزام الطلاب بالعمل والتدريبات وتحملهم لأعباءه، والرغبة الصادقة والأكيدة في نجاح العمل المسرحي.

أما بالنسبة لمقر الفرقة المسرحية فقد يكون في أي قاعة من قاعات المدرسة أو المسرح المدرسي في حالة وجوده في المدرسة أو مسرح القطاع المدرسي في حالة تقديم العروض المسرحية الخاصة بالقطاع المدرسي.

معوقات الفرقة المسرحية المدرسية:

إن معظم المعوقات التي تعترض سبيل تنفيذ العروض المسرحية للفرقة المسرحية داخل المدرسة كما يلي:

1- صعوبة إيجاد مقر للفرقة في بعض المدارس.

2- صعوبة إيجاد المشرف المسرحي المتخصص أو المعلم المؤهل للإشراف على أعمال الفرقة ونشاطاتها.

3- عدم وجود النصوص المسرحية التربوية المناسبة لمختلف المراحل العمرية والدراسية.

4- عدم وجود الإمكانات المالية اللازمة لتنفيذ العروض المسرحية في بعض المدارس.

5- عدم الاهتمام من قبل الهيئة التدريسية والإدارية في بعض المدارس بأهمية النشاط المسرحي مما ينعكس على أداء الفرقة وأعضاءها سلبيا.

6- الانطباع الموجود لدى الكثيرين حول طبيعة النص المسرحي من حيث لغته ومضمونه وشكله، حيث يميل هؤلاء إلى اللهجة العامية وأن يكون النص المسرحي كوميديا هزليا على حساب المضمون، وهذا ما يجعلهم يعزفون عن النص التربوي المدرسي المكتوب باللغة العربية الفصحى.

7- عزوف بعض الطلاب عن تمثيل الأدوار الجدية واستخدام اللغة الفصحى، حيث أنهم يميلون إلى الأدوار الهزلية باللهجة العامية الدارجة.

8- عدم وجود أوقات الفراغ المناسبة لتدريب الطلاب أثناء الدوام الرسمي، وعدم وجود حصة أو حصتان في الأسبوع لإجراء التدريبات اللازمة للعروض المسرحية.

9- عدم وجود بعض الكوادر المتخصصة في مجال الديكور المسرحي والاضاءة والأزياء وغيرها للمساعدة في استكمال عناصر العرض المسرحي المدرسي.

10- عدم وجود الخطط والبرامج، والدراسات التقييمية الكافية لمجال المسرح المدرسي من قبل وزارات التربية والتعليم المختلفة، وعدم الاهتمام بإعداد الكوادر المسرحية والفنية اللازمة لهذا النشاط لدعم القطاعات التعليمية والمدارس بها من أجل أن يرقى هذا الفن إلى المستوى المطلوب.

ويجب تظافر الجهود من قبل المسئولين في الوزارات والقطاعات التعليمية والقائمين على هذا النشاط في المدارس من أجل تذليل هذه المصاعب وغيرها، والعمل على عقد الاجتماعات بهذا الخصوص لمناقشة واقع وطموحات هذا الفن، والعمل بعد ذلك على إيجاد كافة الحلول والمقترحات اللازمة لتطويره وتفعيله والرقي بمستواه حتى يظهر بصورته التربوية المثلى ويحقق أهدافه المأمولة.

ثالثا: الدراما التعليمية-(Dramma In Education):

وهي عبارة عن وسيلة تعليمية تتيح الفرصة للطلاب من أجل المشاركة بفعالية في المادة التعليمية المطروحة, وهي تتعامل مع الطالب والمنهاج الدراسي والمواضيع ذات العلاقة بحياته ومجتمعه, فالطلاب هم جزء من البرنامج ومتفاعلون معه.

وغالبا ما تهتم هذه الوسيلة بالمنهاج الدراسي وتعليمه بطريقة سهلة ومشوقة وجذابة.

وقد وصفها (سيكس) بأنها: عملية توجيه المشاركين في البرنامج التعليمي بواسطة قائد (معلم) لتخيل وأداء خبرات إنسانية متعددة, حيث يقوم المشاركون بابتكار الحوار والحدث[1].

وتعرف منظمة مسرح الطفل الاميركي هذا المسرح بأنه: شكل درامي ارتجالي يؤديه الاطفال بارشاد من المعلم, ويمثلون ادوارا متخيلة صالحة لكل الاعمار, للتعبير عن انفسهم بالكشف عن افكارهم ومشاعرهم[2].

ويعتمد هذا البرنامج على نشاطات مسرحية قصيرة مستخدما أساليب متعددة لعرض المادة التعليمية مثل:

لعب الأدوار, دور الخبير, رواية القصة وتمثيلها, المعلم في دور, الألعاب والتمارين, الإيماء (MIME), التأطير, والصور الثابتة, التفكير الإبداعي, الإرتجال, الإيقاع, الحركة الإبداعية[3].

أهمية الدراما في التعليم:

إن مجال العملية التربوية التعليمية كانت وما تزال قيد البحث والتطوير للوصول إلى أنجع الوسائل وأكثرها حيوية وإبداعا لتجعل من أسلوب التعليم داخل غرفة الصف وخارجها، أسلوبا أكثر ديناميكية وسهولة

---

[1] انظر- سيكس, الدراما والطفل, ص31.

[2] انظر- عقيل مهدي يوسف, التربية المسرحية في المدارس, ص69.

[3] Robert. J, Londy, Handbook of educational drama and theatre, green wood press, U. S. A, 1982,

لتساعد الطالب المتلقي على استيعاب المادة التعليمية وتطور شخصيته وتكسبه قدرات ومهارات ومعرفة صادقة وسهلة ملتصقة ببيئته وحياته اليومية[1].

ومن جهة أخرى فقد ساعدت الأبحاث والتجارب في مجال دراسة سيكولوجية الطفل ومراحل نموه على إثبات أن موضوع اللعب التمثيلي ولعب الأدوار عند الأطفال قضية بالغة الأهمية ويمكن استثمارها كوسيط تعليمي مؤثر وجذاب.

ويمكن توظيف الدراما في علاج السلوكات لدى الأطفال من خلال عرض النماذج السلوكية والقيم المرغوبة أمامه بصورة مشوقة وجذابة, لحثه على اكتسابها, وفي المقابل عرض النماذج والسلوكات المنبوذة من المجتمع بصورة تثير اشمئزازه منها والنفور عنها[2].

وهنالك مجموعة من الأبحاث الميدانية والدراسات التي أجريت حول مفهوم اللعب وحب الأطفال للتقليد والتمثيل ضمن بوتقة شاملة, ألا وهي: الدراما بمفهومها العام, فتم صياغة مفهوم جديد متطور يجمع بين الجوهر الفني والمضمون التعليمي وسمي بـ (الدراما في التعليم) (Dramma In Education).

وحديثا, اهتمت دول عديدة بدراما الطفل, لما لها من أهمية كبرى تعود بالفائدة على الناشئة في المجالات التعليمية والاجتماعية والنفسية.

[1] Holden, susan, Drama in language teaching longman group limited , Britain, 1981, Page (8).

[2] وسيشار اله لاحقا بـ: Holden, susan, Drama in language teaching

ولقد تطورت الدراما في هذا المجال بحيث لم يقتصر استخدامها التطبيقي في مجالات الفنون فقط, بل دخلت في تدريس المناهج الدراسية كوسيط فني واجتماعي فعال تعمل على إثارة وإظهار مهارات وقدرات الطفل من خلال لعب الأدوار والاندماج في الشخصيات وتجسيد المواقف الدرامية للكشف عن أفكار وآراء الطلاب من خلال الأداء الجسدي والصوتي للطالب(1).

وفي الأردن: قامت وزارة التربية والتعليم عام 1995 بالتنسيق مع (مؤسسة نور الحسين) بإعداد برنامج الدراما في التربية والتعليم وتدريب جميع المعلمين المتخصصين في مجال المسرح, حيث كنت أحد المتدربين في هذا البرنامج.

وتختلف الدراما التعليمية عن المسرح المدرسي بما يلي:

1- الدراما التعليمية هي نشاط درامي يتطور ويعرض غالبا داخل الصف فقط, في حين أن المسرحيات المدرسية تعرض أمام الجمهور.

2- إن الطالب من خلال برنامج الدراما في التعليم يتوحد ويتفاعل مع الدور الذي يجسده بينما في المسرح المدرسي, فإن الطالب المشاهد يتفاعل مع شخصية الممثل(2).

---

(1) Holden, Susan, Drama in language teaching, Page (1) .

(2) Editor, Jackson, learning through theater, Manchester university press, Britain, 1980, introduction.

3- نادرا ما يتم استخدام تقنيات المسرح (الإضاءة والديكور والملابس..) في الدراما التعليمية, بل تعتمد على قدرات الطالب الحركية والانفعالية والصوتية[1].

لذلك فإن الدراما في التعليم تختلف عن الدراما في المسرح المدرسي, وهما تعودان بالفائدة على شخصية الطالب وعلى المنهاج الدراسي.

عناصر الدراما التعليمية:

أ- الطالب.

ب- المعلم.

جـ- النشاط الدرامي.

د- غرفة الصف.

أ- الطالب:

وهو محور العملية التعليمية الذي يكتسب من خلال هذا البرنامج الخبرات اللغوية والمهارات الحسية والحركية عن طريق التفكير الخلاق والمحاكاة والتفاعل الاجتماعي وإيجاد علاقات مع الكبار ومع زملاءه.

---

[1] Maley, Alan and Duff, Alan, Drama techniques In language, Longman group limited, Britain, 1981- Page (1).

وسيشار اليه لاحقا بـ: Maley, Alan and Duff, Alan, Drama techniques In language

ويجب تحديد المفاهيم في دور المؤدي (الطالب) للنشاط الدرامي, ومنها:

التركيز والثقة بالآخرين, والاسترخاء الجسدي, حركة الجسم, استخدام جميع الحواس, التخيل, اللغة والصوت والحوار, التقمص والتمثيل للأدوار[1].

ب- المعلم:

وهو المعلم المؤهل الذي تتوفر فيه مقومات وخصائص معينة تمكنه من ممارسة هذه العملية مع الطلاب.

وليس من الشرط أن يكون هذا المعلم متخصصا في مجال المسرح والدراما بل قد يكون حاصلا على دورة تربوية في هذا المجال[2].

ومن المواصفات الهامة التي يجب توفرها في المعلم:

أن يكون قادرا على إثارة خيال الطلاب لحثهم على الإبداع والتفكير المنظم, و يكون عارفا بمراحل النمو عند الطلاب, ليكسب ودهم ويصادقهم ويحترم مشاعرهم[3].

ويفضل أن يكون قد اشترك في دورة تدريبية في مجال استخدام الدراما في التعليم, ليشارك الطلبة في تمثيل ادوار مختلفة ليكون محفزا لهم ومراقبا ومشاركا في النشاط الدرامي, بحيث يكون قادرا على تزويد الطلاب بخبرات وقدرات تخيلية جديدة لم يمروا بها من قبل, وتحفيز قدراتهم كذلك على الانتباه والتركيز[4].

[1] انظر- سيكس, الدراما والطفل, ص38.
[2] انظر – محمد أبو غزله وآخرون, دليل المعلم في الدراما في التربية والتعليم, ص14.
[3] Holden, Susan, Drama in language teaching Longman group limited , Britain, 1981, Page (13).

جـ- (النشاط الدرامي):

وهو الفعل الدرامي الذي يتناوله المعلم داخل غرفة الصف ضمن أساليب الدراما التعليمية.

د- غرفة الصف:

وهي المكان الطبيعي الذي يتم فيه تنفيذ النشاط الدرامي التعليمي من خلال استخدام بعض الوسائل والاساليب المستخدمة في الدراما التعليمية.

الأساليب المستخدمة في الدراما التعليمية:

1- الإيقاع:

تقوم على إظهار صوت متكرر ليعطي نغما معينا (إيقاعا) يستجيب له السامع ويتفاعل معه.

2- الحركة الإبداعية:

تقوم على إظهار أفعال جسدية باستخدام أعضاء الجسم بشكل متناسق وإبداع وإيقاعي يحتوي على أفكار وأهداف تستخدم في مواقف محددة.

وهنالك هدفان للتمارين والحركة الإبداعية هما: تعزيز الحركة الجسدية لتطوير الخيال من خلالها، بالإضافة إلى خلق حركات إبداعية جديدة[1].

---

[1] انظر- عبد اللطيف شما، المسرح المدرسي، وزارة الثقافة، ط1، الأردن، عمان, 1990، ص38 وسيشار اليه لاحقا بـ: (عبد

3- الإيماء:

تقوم على إظهار الحركات الصامتة (بدون كلام) حيث يتم التعبير فيها عن طريق الوجه وأعضاء الجسم الأخرى.

وتعتبر لغة الإيماءات وسيلة اتصال, تقوم فيها الإشارة مقام الالفاظ[1].

4- الصوت والإلقاء:

وهي عملية النطق الصحيح للحروف أثناء التعبير اللفظي والإلقاء والتمثيل.

5- الألعاب والتمارين:

وهي تقوم على أداء التمارين الرياضية الإحمائية التي تعمل على تهيئة الطلاب وتنشيطهم لاستقبال المواقف التعليمية المتعددة ضمن منظومة اللعب المحبب لدى الأطفال والذي يعمل على التواصل بين الطلاب والتعبير عن مكنوناتهم والترويح عن أنفسهم[2].

ويمكن استخدام الألعاب الدرامية في التهيئة للدرس, أو تكون جزءا من فعالياته, أو تستخدم لإنهائه[3].

6- لعب الأدوار:

وهي تقوم على محاكاة الطالب لدور معين مبتعدا عن شخصيته الحقيقية.

[1] انظر- سيكس, الدراما والطفل, ص209.

[2] Mc Gregor, laynn, Learning through Drama, Page (55).

[3]

وهذا الأسلوب له فوائده المتعددة على شخصية الطفل ونفسيته واستثارة دوافعه وميوله ورغباته وتواصله مع الآخرين[1].

7- المعلم في دور:

وتقوم على لعب المعلم لدور معين، يوصل من خلاله الأهداف والمواقف التي يريد توصيلها للطلاب.

إن المعلم يشعر بأنه يريد ان يعطي المبررات لطلابه من أجل تحفيزهم للعمل، يريدهم أن يدركوا بأن عملهم ذو قيمة في التأثير على أنفسهم وعلى الآخرين، ولا يتأتى ذلك إلا عندما يوفر لهم حرية التعبير والتفكير[2].

8- التأطير والصور الثابتة:

وهي تقوم على وضع الفكرة المطروحة في إطار معين، حيث يقوم المتعلم بقراءة الرموز وتحليلها واستقراء المعلومات فيها، وذلك للوصول إلى الفكرة المطلوبة، وإثارة النقاش حولها، وبالتالي تحقيق الأهداف المطلوبة منها.

9- دور الخبير:

وتقوم على القيام بدور الخبير في مجالات معينة، لتقديم المعلومات والمواقف بأسلوب جذاب، وملاحظة ردود أفعال الطلاب وتفاعلهم مع الخبير الذي يفوق قدرات المعلم التقليدي (من وجهة نظر الطلاب).

---

[1] Holden, susan, Drama in language, Page (9-10) .

[2]

10- الارتجال:

وهي تقوم على وضع الطالب في موقف يتطلب منه التصرف والقيام بأفعال وحركات وألفاظ وتعبيرات متعددة مستخدما ذكاءه وخبراته في هذا المجال.

11- حكاية القصة وتمثيلها:

وهي تقوم على اختيار القصة التي ينوي المعلم تمثيلها، وتحليلها وتحديد شخصياتها، لبناء الحوار فيها، وصياغة المواقف التعليمية المتعددة فيها، وينبغي أن يجلس الطلاب أثناء أداء هذا الأسلوب جلسة مريحة متحررة من القيود, وهذه الطريقة محببة لدى الأطفال لأنها تدخلهم في عالم الخيال والتفكير الخلاق ولعب الأدوار وتقمصها والتفاعل معه[1].

ويمكن القول بأن برنامج الدراما في التعليم داخل غرفة الصف يستخدم في إثارة اهتمام الطلاب بقضية معينة تربوية من خلال توريطه في لعبة درامية يجد نفسه فيها مسئولا عنها باحثا عن التفسيرات المنطقية لها وبالتالي تجعله يتخذ قرارا بخصوصها بأسلوب جذاب.

---

(1)

ويعتبر أسلوب الدراما في التعليم داخل غرفة الصف هو الأساس الذي يصقل فيه الطالب مواهبه وقدراته لكي يشارك بشكل تلقائي وعفوي[1].

وسوف نلمس أهمية الدراما في التربية والتعليم ودورها التربوي المتميز في تنشئة الأجيال فيما بعد.

مستقبل الدراما في التعليم:

من المعلوم حاليا، إن الدراما أصبحت وسيلة هامة من وسائل التعليم الفعال للطفل، وهذا ما نراه من خلال إعطاء الفرص الحقيقة للطفل من اجل التعبير عن مداركه وشعوره.

إنها تحفزه على الإبداع، والتفكير الخلاق، والتفاعل مع المجتمع من خلال الاساليب المختلفة والأنشطة الدرامية الإبداعية. فالإنسان هو المحور الرئيسي في الدراما سواء أكان في جسمه، في صوته، في حركته وإبداعه وعلاقاته الاجتماعية.

إن هذه الخطوات تحوي مجالات عدة للإبداع والشعور والقدرة على اتخاذ القرار واختيار الحلول المناسبة والتفاعل مع المجتمع المحيط به، وتعلم المهارات والخبرات المختلفة.

ومن المهم أن يحاول المعلم بوسائله المختلفة جعل الطفل يفكر بطريقة غير عادية لتعلم مهارات وخبرات تعليمية مختلفة في الاتصال مع الآخرين.

---

[1] للمزيد، انظر - محمد أبو غزله وآخرون، دليل المعلم في الدراما في التربية والتعليم للصفوف الأربعة الأولى (مصدر

إن الأطفال على اختلاف أعمارهم، وقابليتهم للتعلم والانخراط في العمل، هم الذين يتحكمون في التخطيط للأهداف والخطوات الإجرائية والنتائج المتوقعة من إعطاء الدروس المختلفة.

لذلك, فنوعية الفعل تفرض على المعلم اختيار الطريق الصحيحة له من خلال العلاقة بين المعلم والطلاب.

ولا توجد طريقة واحدة لتدريس درس معين، وإنما طبيعة الدرس وطبيعة الطلاب، تلعب دورا هاما في هذا المجال.

وهنا لا بد من طرح بعض الأسئلة التي تتعلق بالدراما والمعلم والطالب:

1- ما هو العامل الذي يؤثر في التعليم من خلال الدرس؟

2- ما هي أهداف المعلم؟ أين تتحقق؟ لماذا؟

3- ما هي الإستراتيجية المناسبة لتحقيق الأهداف؟

4- ما هي نوعية القرارات التي يمكن اتخاذها في ما بعد؟

وللإجابة على هذه الأسئلة، فانه من المهم معرفة التأثيرات الخارجية على النشاطات التعليمية، ومدى ملائمة الاساليب المستخدمة لتحقيق الأهداف التي وضعها المعلم.

ولذلك, فمن المهم لنا أن نعرف مراحل نمو الطفل العمرية، والجسمية والعقلية، حتى نستطيع تقديم المساعدة الملائمة له.

إن تحقيق التطور والنمو لدى الطفل في مجال الدراما التعليمية مرهون بعدة جوانب

منها:

1- تحسين التعليم من اجل استخدام الخطوات الملائمة (ترتيب الأفكار، اكتشاف المعاني المختلفة، التوقعات، تطوير القابلية للعمل مع الآخرين لاتخاذ القرارات وإيجاد الحلول المناسبة، المناقشات الفعالة، الحساسية نحو الآخرين لمعرفة قابليتهم نحو تطوير معارفهم ونمو شخصياتهم وتأثيرهم بغيرهم).

2- القدرة على التعمق في الفهم للأفكار والمفردات والقضايا والقدرة على تحويل التعلم إلى نشاطات درامية إبداعية من خلال استخدام خبراتهم في مجال الدراما لفهم طبيعة القضايا المتخصصة وتحسين قابليتهم لتكون على شكل نقاشات وحوارات.

3- العرض التمهيدي القادر على تحسين مهارات الاتصال، والتعلم الذي يواكب العمل لفترة طويلة من الوقت بين أفراد المجموعة وغيرهم، من اجل إدراك تأثير ذلك على الجوانب الشخصية بما يكفل بالتالي نجاح العمل والثقة بالنفس.

4- إن احترام وتقدير الطالب لتقديم غيره للنشاطات الدرامية، يجعله يدرك مدى استخدام غيره لها من اجل توصيل وتقديم الأفكار والمشاعر.

5- وأخيرا, ومن خلال الخبرات الدرامية لفترة زمنية، فان الأطفال سيصبحون قادرين على التمييز بين ظاهر الخطوات وقدرته على طرح الأسئلة عن أنفسهم وعن أعمال الآخرين.

ومن هنا, فإن الدراما التعليمية أصبحت قادرة على تعليم الأطفال المهارات المختلفة في فهم نفسه والاتصال مع الآخرين وفهم طبيعة غيره من الناس... أنها قادرة على جعله يفكر ويبدع ويحترم نفسه ويحترم غيره كجزء أساسي من المنهاج الدراسي[1].

التمثيل عن طريق اللعب:

يقول الغزالي: (ينبغي أن يؤذن للطفل بعد الانصراف من الكتب أن يلعب لعبا جميلا يستريح إليه من تعب المكتب، ومنع الصبي من اللعب وإرهاقه بالتعليم دائما يميت القلب ويبطل ذكاءه وينغص عليه العيش حتى يطلب الحيلة في الخلاص منه رأسا).

إن أهمية اللعب عن طريق التمثيل أو التمثيل عن طريق اللعب مهم جدا بالنسبة للطفل في مراحلة الأولى, حتى أنه اعتبر وسيلة تعليمية من وسائل تعليم التربية الحديثة.

ولقد لفت هذا الموضوع أنظار الباحثين في مختلف الأزمان والعصور، فتأملوا لعب الإنسان ولعب الحيوان وحاولوا الوصول إلى الفوائد المرجوة من هذا اللعب ولكن علماء التربية وأصحاب نظريات التعلم لم يهتموا

(1)

باللعب إلا بعد أن أثبتت الأبحاث والتجارب العلمية والتربوية وجود علاقة بين التعلم واللعب، وما للعب من دور هام في استثارة دوافع التعلم والنمو.

ومن هنا كان علينا أن ندرك الأسس النفسية لنشاط اللعب والوظائف التي يحققها، وأهم سماته الجوهرية للقيام بتوجيه هذه النشاطات نحو غايات تربوية هادفة من شأنها أن تحقق لأطفالنا في مراحلهم الأساسية الأولى للتعليم النمو المتكامل والسوي، ويجب أن لا يغيب عن مداركنا ما يتعلمه الطفل من المعارف والمفاهيم والقيم والاتجاهات والمهارات من خلال اللعب التلقائي وتمثيل الأدوار الذي يمارسه قبل التحاقه بالمدرسة[1].

إن أهم ما يميز فن التمثيل بشكله الدقيق عن سواه من الفنون هو اعتماده على اللعب، مما حدا ببعض اللغات الحية اصطلاح كلمة "اللعب" كمرادف للتمثيل واللعب، كما يقال في مصادر المسرح إن الممثل الفلاني يلعب الدور الفلاني بدلا من قولهم يمثل الدور الفلاني، ويذهب البعض إلى القول : ان العمل التمثيلي يكون أكثر إمتاعا إذا تحول إلى لعب.

فالطفل عندما يمثل يتخيل ويتحسس ويبتكر ويرتجل ويحاكي في لعبه التمثيلي ويؤمن بأدواته وشخصيته ويقتنع بما يفعله ومثال ذلك:

نزوع الطفل إلى تخيل العصا أو غصن الشجرة حصانا فيحدثه ويحاكيه كحقيقة واقعه، وهو بذلك يحاكي دور الفارس في سلوكه وعواطفه

---

[1] أنظر – فابريتسيوكاسانيللي، ترجمة أحمد سعد المغربي، المسرح مع الأطفال، دار الفكر العربي، مصر، 1990، ص(33-34)،

وانفعالاته. إذن فالطفل ممثل قائم بذاته أثناء اللعب، والتمثيل جزء من حياته، ولكن أي نوع من التمثيل هذا؟

إن التمثيل الذي ينبع من داخله يكون عفويا وتلقائيا، والأداء فيه يعتمد على عالم الطفل وحواسه ومداركه وتجاربه ورغباته.

فالتمثيل يعمل على تطوير قدراته الجسدية من خلال الحركة واللعب والنشاط الذي يبذله في سبيل ذلك.

ومن المعلوم أن الطفل أثناء لعبه الإيهامي لا يحبذ أن يتدخل الكبار في حركاته وإيماءاته, لأنه يؤدي ما يقتنع به هو لا غيره[1].

وحتى يستمر الطفل في نشاطه يربط بين هذا النشاط وإيقاعات غنائية وأناشيد أو أية أصوات أخرى تسير جميعها بتلقائية وتناغم شديد, وهذا ما يحدونا إلى إطلاق صفة (التمثيل التلقائي) على ذلك[2].

والعمل الفني هذا ليس بالضرورة أن يكون محتويا على (حبكة) أو بداية أو نهاية، فقد يبدأ من الوسط أو من أية نقطة أخرى دون تكلف أو تعقيد.

الألعاب التربوية:

يعرف بعض علماء التربية "اللعب": (بأنه نشاط موجه أو غير موجه يقوم به الأطفال من أجل تحقيق المتعة والتسلية ويستغله الكبار عادة ليسهم في تنمية سلوكهم وشخصياتهم بأبعادها المختلفة: العقلية والجسمية والوجدانية)[3].

---

(1) أنظر- سيكس, الدراما والطفل, ص8.

(2) أنظر- اسعد عبد الرزاق وآخرون، طرق تدريس التمثيل، ص34.

(3) انظر - عبد المعطي نمر موسى واخرون، الدراما والمسرح في تعليم الطفل (منهج وتطبيق)، دار الامل للنشر والتوزيع، ط1،

ويقول "بياجيه": إن اللعب والتقليد والمحاكاة جزءا لا يتجزأ من عملية النماء العقلي والذكاء، ومن خلال الوظائف التي يحققها اللعب يتبين لنا أنه وسيط تربوي يعمل بدرجة هائلة على تشكيل شخصية الطالب بأبعادها المختلفة: المعرفية والجسمية والحركية والنفسية والوجدانيـة، وقـد أصبحت نشاطات اللعب في التربية اليوم جزءا لا يتجزأ من مناهج التربية والتعليم، وأداة فعالة في تنظيم التعليم.

فالألعاب التربوية في المرحلة الأساسية الأولى من الأدوات الرئيسية والطرق الأكثر فعالية في تمكين الطلاب من تعلم المواد الدراسية وممارستها على نحو أفضل.

الشروط الواجب توفرها في عملية اختيار اللعبة التربوية:

1- معرفة الطفل: وتشمل سنه وميوله النمائية التي ينتسب إليها.

2- معرفة اللعبة: وذلك من حيث قواعدها ونشاطاتها والمهارات اللازمة لها.

3- معرفة المواد اللازمة لها وأنواعها وذلك من حيث خصائصها ومصادرها وقيمتها.

4- تحديد الأهداف التعليمية السلوكية التي تخدمها اللعبة، والتأكد من أنها تحقق هدفا بشكل أفضل.

ومن الألعاب التي نستخدمها في مجال التربية الفنية التشكيل بالمعجون والصلصال، وألعاب الدمى البسيطة، والدمى المتحركة، ومسرح العرائس.

وتستخدم الالعاب المختلفة لتعليم بعض المناهج مثل الرياضيات والعلوم والتربية الفنية والرياضية. فالكثير من المعلمين في الوقت الحاضر

يستخدمون الألعاب المختلفة كنماذج تربوية تسهل عملية الفهم لدى الطلاب. وتقوم المناهج الحديثة على استخدام اسلوب الالعاب التربوية والرسومات لتوضيح المواد الدراسية.

ولقد اهتمت وسائل الاعلام بهذا الموضوع حيث تم استخدام الالعاب التربوية كوسيلة تعليمية تثقيفية. والبرامج التلفزيونية للأطفال وبرامج التلفزيون التربوي تقوم على تعليم الاطفال والطلاب من خلال الألعاب المختلفة وعلى ألسنة الدمى والرسوم المتحركة[1]. إن نجاح المعلم والمربي في أداء مهمته التعليمة الأساسية كمنظم للتعلم وناقل للخبرات يتوقف على مدى فهمه لهذه الأساليب واقتناعه بوجودها وجدواها.

إن التخطيط الواعي الدقيق لتنظيم النشاطات الفردية والجماعية، يساعد على توافر القدرة والمهارة في توصيل الأهداف التربوية والعمل على تحقيقها.

التمثيل بمعنى المحاكاة:

إن المحاكاة هي إعادة صياغة الحياة, وهي سمة أساسية من سمات التمثيل تكون كامنة في جوهر الطفل، وما أقصده بالمحاكاة عند الطفل في التمثيل أشبه بمحاكاة الإنسان البدائي للأشياء، والتي تعتبر بذرة التمثيل المسرحي حيث يتم تجسيد كل ظاهرة عن طريق محاكاتها بالحركة والإيماءة أو الرقص الإيقاعي أو المؤثرات الصوتية المعبرة عن الحالة ذاتها.

والطفل في سنواته الأولى يميل إلى تقليد سلوك الآخرين, وهي ظاهرة طبيعية تدل على حدوث عملية التعلم لديه, لان السلوك مكتسب من الآخرين المحيطين به[1].

إن عملية التمثيل عن طريق المحاكاة تعني إعادة تجنب جميع الظواهر الكونية من خلال الوعي بها وتفسيرها وفهمها وإدراكها من خلال منظور معين, فالطفل عندما يحاكي قضية ما يقف أمامها حائرا مندهشا حتى يمثلها ليعيد لنفسه التوازن والاطمئنان والقدرة على التغير والتطور[2].

إذن فالتجربة هي قوة محركة يمكن اكتسابها عن طريق التمثيل وتعتمد على الإبداع والخلق الذي من خلاله يسقط الطفل ما في نفسه إزاء ظواهر الحياة التي يعيشها بمحاكاتها، وكلما استطاع الطفل تمثيل أو محاكاة الأحداث والظواهر المختلفة كلما ازداد تجربة وقناعة في التطور ومواكبة الحياة والاندماج فيها[3].

فالأطفال يحققون وجودهم وقدراتهم ويؤكدون ذاتهم من خلال التمثيل ويستطيعون الاتصال مع غيرهم ويتعرفون على صفات لم تكن معروفة سابقا لهم حول حقيقة الإنسان وظواهر الحياة المختلفة وطريقة تكيفهم معها.

التمثيل الايمائي: (MIME):

الإيماء هو: الإتصال مع الآخرين عن طريق الإشارة بدلا من الألفاظ أو (الفعل بدون كلام). والفعل الذي نعنيه هو: الفعل المعبر عن تعبيرات

(1) أنظر- نفس المصدر السابق, ص51.

(2) أنظر- فابريتسيوكاسانللي، المسرح مع الأطفال، ص87.

(3)

الوجه والحركات الجسمية التي تستخدم لقول شيء ما فيما يتعلق بعناصر الشخصية والموقف والمكان وجو المسرحية دون استخدام الحوار المنطوق وخلق بيئة درامية دون اللجوء إلى استخدام الديكور أو الإكسسوارات[1].

إن معظم البشر يستخدم لغة الإيماء للتعبير عن أشياء دون النطق بها، فهذا أحد الناس يؤشر بيديه ليرد السلام على الآخر وهذا آخر يومئ بعينيه غاضبا ليعبر عن استياءه لموقف ما دون أن يصرح عن شعوره هذا بالكلام، وهذا آخر يعبر عن خوفه من خلال تعبيرات وجهه الذي يصرح بمشاعره هذه، وهذا آخر خلقه الله تعالى أخرسا لا يقدر على الكلام ولكن الله تعالى وهبه القدرة على التعبير عن حاجاته ورغباته وعواطفه من خلال الإشارة والإيماءة.

وتستخدم الآن لغة الإشارة في معاهد الصم والبكم للتعبير عن هذه الفئة المحرومة من الكلام, حيث تقوم بعض محطات التلفزيون في مختلف أنحاء العالم بإعداد نشرة للأخبار وبرامج تلفزيونية أخرى بلغة الإشارة, لكي تفهمها تلك الفئة التي لا تستخدم إلا هذه اللغة في التعبير عن رغباتها وتواصلها مع المجتمع الذي تعيش فيه.

وقد عرف الإنسان البدائي هذا الفن، حيث انه ورد ذكر بعض المسرحيات الصامته التي كانت تؤدى قديما[2].

وقد عرف اليونان هذا الفن، ولكنه ظل ضعيفا ولم يرق إلى درجة كبيرة تسمو إلى درجة أهمية التراجيديا والكوميديا.

---

[1] Holden, susan, Drama in language teaching, Page (26) .

ففي عام 1890م عثر على لفافة ورق البردي تحتوي مخطوطات لـ(13) مسرحية كتبها الكاتب الإغريقي (هيرونداس) الذي عاش في مدينة الإسكندرية حوالي عام (270ق.م)[1].

أما زمن الرومان فقد تطور هذا الفن كثيرا وأصبح له المعجبون من الناس، حتى أن المسرحيات الصامتة كانت تشارك في مهرجان سنوي يتم فيه التنافس بينها.

وقد عرف العرب المسلمون هذا الفن كذلك زمن الأمويين والعباسيين بشكل كبير، وكان آنذاك عدد كبير ممن يتقنون فن الإضحاك والتمثيل الصامت وكانوا يسمون بـ (المندرين أو الملهين، المخنثين، المحمقين) وكانت لا تقبل شهادة بعضهم.

ومن أشهر هؤلاء :(أشعب)، (أبو العبر)... وغيرهما.

وقد كان أشعب حاضر النكتة، سريع البديهة، واسع الثقافة والخبرة والاطلاع، خطيبا، مغنيا وملحنا[2].

وبالرغم من أن هذا الفن تطور عبر القرون الماضية إلى درجة كبيرة إلا أن الممثلين في هذا الزمن لم يصلوا إلى درجة الإتقان والرقي في الأعمال الماضية.

وتعمل بعض الدول في العالم على الاهتمام بهذا الفن وإعداد الممثلين المؤهلين المدربين عليه تدريبا جسديا ونفسيا.

[1] انظر- سيكس, الدراما والطفل, ص228.
[2]

وقد شاع فن التمثيل الإيمائي في إيطاليا إبان عصر النهضة حتى أصبح هذا الفن علما قائما بذاته له ممثلوه ونصوصه المسرحية (السيناريوهات) وعرفت هذه الكوميديا بـ "الكوميديا الفنية" (ديللارتي)، التي كانت تستخدم فيها أحيانا الكلمة المنطوقة والإيماءة والإشارة أحيانا أخرى مع استخدام فن الارتجال وأصبحت هنالك شخصيات معينة في المسرحيات تقوم بهذا الفن مثل المهرجين أو الخدم للترويح عن المشاهدين وإسعادهم.

وفي فرنسا انتشر هذا الفن كثيرا بعدما انتقل إليها من إيطاليا، حيث استفاد منه الكاتب الفرنسي "موليير" الذي وضع شخصية الخادم أو المهرج في مسرحياته لكي يرسم البسمة على شفاه المشاهدين، مستخدما فنون الارتجال المختلفة مع التمثيل الإيمائي. وقد استخدم كثير من كتاب المسرح في أوروبا وغيرها هذا الفن في مسرحياتهم مثل شكسبير، كالديرون، جولدوني، ماكس رينهارت, وغيرهم,

أما على مستوى العالم فقد اشتهر بهذا الفن: "شارلي شابلن" والثنائي: "لوريل وهاردي" بحيث أصبحت هذه الشخصيات نمطية ثابتة.

فهذا الفن يعتمد على حركات الوجه واليدين والساقين والقدمين والبطن، وكل حركة لها مدلولاتها، حتى أن الوجه يستطيع التعبير عن عدد كبير من المدلولات, أما الممثل في هذا الفن فإنه يخضع لتدريبات جسدية كبيرة ودراسة أكاديمية متخصصة لكي يكون قادرا على توصيل ما يريد إلى المشاهدين.

إن فن الإيماء يساعد الطالب على ابتكار أفعال جديدة من خلال تخيل حركات جديدة يستطيع بواسطتها التعبير عن انفعالاته وأحاسيسه لتوصيل ما يريد من سمات شخصيته للحضور.

وقد يستخدم هذا الفن مع الارتجال والألعاب التمثيلية داخل غرفة الصف أو من خلال المسرح المدرسي كأدوات اتصال مع المشاهدين من الطلاب لتوصيل المعلومات والقيم الجمالية والتربوية ومن خلال إدراك العلاقة بين الجسد والشكل والتكوينات (الإدراك الجسدي)[1].

التمثيل الإرتجالي:

الإرتجال يعني: "خلق فعل جديد مبتكر بتلقائيه وعفوية", ويتطور الفعل المرتجل فيما بعد إلى أفعال جديدة ذات علاقة بالموضوع.

وبالنسبة للأطفال فإن هذا الموضوع يجب أن يكون معتمدا على البساطة والعفوية وتمثيل المواقف السهلة دون التكلف والتعقيد.

وليس ضروريا أن يكون الموضوع محتويا على حبكة درامية أو بداية ووسط أو نهاية، ويمكن أن تبدأ الاحداث من أي نقطة كانت ثم تتطور الافعال فيما بعد لتكون خطا دراميا جديدا. والطفل يجب أن يقبل على الاشتراك بالعمل المسرحي باستخدام التمثيل الإرتجالي بكل نفس راضية دون اجبار من المعلم المشرف على هذا المجال وذلك لكي يتقبل العمل ويقتنع به ثم الاشتراك به طواعية والاستجابة له والانسجام معه بسهولة ويسر.

(1)

ويعتمد فن الإرتجال على: الملاحظة والمخيلة وعلى التجربة الحسية والذاكرة الانفعالية، وقد يعتمد على التجريب للحالة الحسية التي لا يمتلكها الممثل، أي أن الممثل يدخل في التجربة كذات وليس كشخصية.

وللإرتجال وسائل متعددة مثل: الحوار (حدث، فعل، قصة)،الحركة، الايماءة للحالة والموقف، إضافة إلى استخدام الملابس والملحقات الأخرى [1].

وهنالك نوعان من الإرتجال:

1- الإرتجال الحر:

وهو الإرتجال العفوي التلقائي الذي يأتي وليد اللحظة بدون تخطيط مسبق.

2- الإرتجال المنظم:

وهو الارتجال المعد له مسبقا على شكل سيناريو ويكون الطالب على علم بطبيعة المواقف وتطورها ونهايتها، فيكون عارفا بما يفعل وتترك له الحرية في الارتجال ضمن الحدود المسموح بها داخل إطار العمل الفني بحيث لا يفقد الارتجال فكرة العمل وأهدافه.

وعلى المعلم المشرف على هؤلاء الطلاب أن يكون مرنا بحيث يتعامل مع الافعال المرتجلة من الطلاب بمرونة ويتكيف معها ويساعدهم على تطويرها وأن يتدخل في الوقت المناسب عندما يرى أنهم خرجوا عن الموضوع، ولكن يجب أن يكون تدخله ذكيا، مستخدما الاسلوب المناسب لذلك.

وهنالك أشكال للإرتجال. منها:

1- إرتجال الحركات:

ويعني إصدار مجموعة من الحركات الجسدية دون تخطيط مسبق، وتكون هذه الحركات عبارة عن ردود أفعال لمواقف متعددة، ويمكن أن يصاحب هذه الحركات الحوار أو الأصوات.

2- إرتجال الأصوات:

ويعني إصدار كلمات أو أصوات معينة دون التفكير المسبق بها وتكون ردة فعل لشيء ما، ويمكن أن تصاحبها حركات وتعابير جسدية ويمكن استخدام هذين الشكلين مع بعضهما وذلك حسب طبيعة الموقف الدرامي أو المدرسي[1].

إن استخدام جميع أنواع التمثيل (اللعب، المحاكاة، الايماء، الارتجال) مع الطلاب داخل المدرسة يثير لديهم الشعور بأنهم استطاعوا سبر أغوار الحياة وما فيها من مواقف ولحظات وجدانية ويتعلموا كيفية التعامل معها والتكيف الاجتماعي مع غيرهم من الناس. إن فن التمثيل بأنواعه المختلفة أصبح وسيلة اتصال مع الغير وأداة تعليمية ناجحة لنقل المعارف والخبرات والثقافات إلى ابناءنا الطلاب، ولذا فلا بد من الاهتمام به وتطويره ووضع القواعد والأسس والخطط اللازمة للوصول به إلى أعلى درجات الرقي والسمو والرفعة حتى يحقق الاهداف المرجوه منه ويؤدي دوره المنوط به.

المسرح التعليمي واللغة العربية الفصيحة:

لقد ميز الله عزّ وجلّ لغتنا العربية بعدة ميزات جعلتها أكرم اللغات وأرقاها على الإطلاق. لقد انزل الله تعالى القرآن الكريم بأفصح لسان وأعظم بيان على الرسول العظيم - عليه الصلاة والسلام - الذي هو سيد الفصاحة والبلاغة في أطهر أرض وأعز مكان على هذه الأرض، لإن اللغة العربية تمتاز عن غيرها من اللغات بأنها أوضح بيانا وأعذب مذاقا وألحانا وأمتن تركيبا وأشرف منزلة وأسمى رتبة.. كيف لا وقد اختارها رب العزة سبحانه وتعالى لتكون لغة آخر رسله وخاتم أنبياءه وقرآنه الكريم, فاستخدام اللغة العربية على لسان العرب جعلها لغة التخاطب والاتصال مع الآخرين وليتميزوا من خلالها.

إن التعليم في مختلف مراحله الدراسية يركز على استخدام اللغة العربية الفصحى لأنها لغة ديننا الحنيف ولغتنا التي تعبر عن أمتنا العربية وثقافتها وتراثها وتعاليمها التربوية والاسلامية.

والمدرسة هي المسئولة عن إعداد النشىء الصالح من أبناءها لكي يصبحوا مواطنين صالحين خادمين لأوطانهم وأمتهم, قادرين على التعامل مع المتغيرات والظروف في حياتهم وتنمية حسهم الاجتماعي.

ومن المعلوم أن كثيرا من الأهداف التربوية في هذا المجال يمكن تحقيقها من خلال النشاطات التعليمية داخل الصف الدراسي وخارجه بحيث أن التدريس داخل الصف يقدم النظريات والقواعد والمعارف المجردة.

أما مجال النشاط خارج الغرفة الصفية فإنه يقدم التطبيق العملي لتلك المعارف النظرية المجردة من خلال وسائل محببة وجذابة ذات طابع فني له خصائصه المميزة.

وفي بعض الدول، يتم تعليم اللغة عن طريق المسرح المدرسي ودراما الطفل، حيث أثبتت التجارب والدراسات بأن تعليم اللغة عن طريق الدراما يتم بسهوله وتلقائية, وأن الأطفال الذين اعتادوا الذهاب إلى المسرح يتمتعون بقدر كبير من التفوق الدراسي والتوافق الاجتماعي والخبرات اللغوية[1].

إن استخدام الاساليب المختلفة في برنامج الدراما التعليمية (الإيماء, لعب الأدوار, الألعاب الإبداعية...) يجعل الدراما اكثر أهمية في حياة المتعلم الشخصية والتعليمية[2].

إن المدرسة تركز من خلال نشاطاتها على النشاط اللغوي من خلال استخدام المواقف اليومية التي تتطلب الحديث والاستماع والقراءة والكتابة والتعبير, ومن أهداف النشاط المدرسي اللغوي:

1- تمكين الطلاب من الاستفادة من اللغة العربية علميا من خلال مجالات التعبير الوظيفي والإبداعي بممارسة الحوار والمخاطبة والمناقشة والمناظرة.

2- تعويد الطلاب على الاستفادة من ألوان الثقافة وفنون المعرفة بممارسة القراءة الحرة داخل وخارج المدرسة.

---

[1] انظر- إيمان النقيب, القيم التربوية في مسرح الطفل, ص101-102.

[2]

3- تعويد الطلاب على روح القيادة لدى الطلاب واحترام آراء الآخرين والعمل الجماعي عن طريق التمثيل المدرسي والنشاطات الأخرى.

4- الاستفادة من أوقات الفراغ لدى الطلاب واستثمارها بالمعارف والمهارات المفيدة.

ويعتبر المسرح المدرسي أحد الوسائل التربوية التي تساعد في إثراء المخزون اللغوي عند الطلاب ويمكنهم من الاستفادة الكاملة من النشاطات والمعارف اللغوية المختلفة، وهو يعتبر ميدان اللغة العربية التطبيقي ووسيلة تربوية ناجحة لنشر المعارف اللغوية ومقياس لمعرفة مدى تقدم الطلاب في هذا المجال[1].

وهناك علاقة تبادلية بين المسرح المدرسي واللغة العربية حيث أن المسرحيات المدرسية غالبا ما تكتب باللغة العربية الفصحى، فيقبل الطلاب على قراءتها وتمثيلها ومشاهدتها باستمتاع، وفي المقابل يقوم المسرح المدرسي بصقل اللغة العربية وتقويتها ويزيدها رسوخا وعمقا.

واللغة العربية الفصحى يجب أن تكون اللغة الرسمية للمسرح التعليمي للأسباب التالية:

1- المسرح التعليمي وسيلة تربوية تعليمية على مستوى المدرسة. لذا يجب استخدام اللغة العربية السليمة في المدرسة محادثة وحوارا وكتابة في جميع نشاطات المدرسة المختلفة.

2- يقوم المسرح التعليمي بتقديم العروض المسرحية لأسرة المدرسة من مدرسين وطلاب ومشرفين تربويين ومن لهم علاقة بالمدرسة مثل أولياء الأمور والمجتمع التربوي.. وهؤلاء جميعا يستمتعون باللغة العربية الفصحى ويحترمون من يلتزم بها.

3- أهداف المسرح التعليمي سامية وعالية ولا يمكن تحقيقها من خلال لغة مبتذلة مشوهة، وهو ملزم باحترام منزلته الرفيعة من خلال النص الجيد واللغة الفصيحة الرصينة حتى يحقق أهدافه المنشودة على مستوى المدرسة والمجتمع.

العلاقة بين المسرح التعليمي وفن الالقاء:

قال تعالى: (**خلق الإنسان، علمه البيان**)- [سورة الرحمن-الآيتان (3-4)].

لقد خلق اللـه سبحانه وتعالى الناس على اختلاف ألسنتهم وألوانهم وميز بينهم في البيان الذي هو من أعظم نعم اللـه تعالى على عباده. وقد كانت الفصاحة والبلاغة مطلبا أساسيا للعرب في حياتهم.

وقد وضع العلماء في مجال اللغة الضوابط والقواعد الأساسية للغة العربية بفروعها المختلفة بما فيها الإلقاء والخطابة.

والإلقاء يعني: "إيضاح المعنى بالنطق والصوت"[1] وله درجات متفاوته بين الرداءة والجودة ، وشمل أنماطا من الكلام مثل الإنشاء والقراءة الجهرية والتسميع والخطابة والمساجلة أو المناظرة، والمناجاة والتمثيل.

[1] أنظر- حنان عبد الحميد العناني، الدراما والمسرح في تعليم الطفل، دار الفكر للنشر والتوزيع، ط1، الأردن، 1990، ص35

والقراءة الجهرية من أهم هذه المهارات حيث انها عملية مشتركة بين ثلاثة أطراف هي: القارئ والمستمع والنص.

فالقاريء له طاقات وقدرات فيحسن منه أن يقرأ بسهولة ويسر دون تعب ودون إطالة الجمل وخلطها, وللمستمع أن يطرب بسماعه للقارئ.

وللنص حق في أن يؤدي الأداء المناسب له، فأداء النص الحزين غير أداء النص الحماسي أو الوعظي أو التقريري.

وهنالك شروط يجب توفرها في الخطيب (الملقي):

1- السلامة من عيوب النطق الخلقية والمكتسبة.

2- إتقان مخارج الحروف وصفاتها وقواعد اللغة.

3- تحقيق المعنى.

4- مراعاة الجوانب الايقاعية.

5- سلامة الرأي وأصالة الفكر.

6- طلاقة اللسان.

7- التودد إلى المستمعين.

8- البديهة الحاضرة والقدرة على التصرف.

9- القدرة على إثارة عواطف المستمعين.

10- رباطة الجأش وشدة القلب[1].

وهنالك فن التعبير الذي يرتبط بفن الالقاء ارتباطا كبيرا، حيث أن التعبير يعني: (تصوير المعاني بالألفاظ). ومن خلال التعبير عن المعاني التي يريدها الخطيب أو الملقي تنال الخطبة رونقها وبهاؤها وجمالها بحيث تكون سهلة الفهم ذات إيقاع موسيقي جميل له وقعه الحسن في أذن المستمع[1]. والتعبير يحقق اهدافا تربوية كثيرة للطفل منها:

- التواصل وزيادة روابط الحب بين الطفل والآخرين.

- الكشف عن الميول والرغبات عند الأطفال وتعزيزها.

- التنفيس عن العواطف والآراء التي يود الطفل التعبير عنها.

- تنمية وتعزيز التذوق الجمالي عند الأطفال.

- إثراء معارف الطفل.

- حل كثير من المشكلات التي يعاني منها الطفل[2].

ويمكن التعبير بطرق مختلفة منها:

- التعبير بالكتابة.

- التعبير بالإشارة.

- التعبير بالصوت.

- التعبير بالإيماءة.

- التعبير بالصور.

- التعبير بالرسم.

[1] انظر- نفس المصدر السابق، ص88.

ومن الأسس التي يتم بواسطتها اختيار موضوع التعبير:

- الأسس النفسية.
- الأسس التربوية.
- الأسس اللغوية[1].

والأداء الخطابي هو: إلقاء الخطبة بما يليق بها من حسن اللفظ وموافقة الصوت وحركات الجسم بحيث ينتقل إحساس الخطيب (الملقي) إلى قلوب وعقول المستمعين الذين ينجذبون إليه ، فتتحرك مشاعرهم تجاهه.

وعلى الملقي أن يراعي حسن اللفظ واعتدال الصوت واستخدام الطبقات الصوتية المختلفة حسب المعاني والالفاظ، وأن يهتم بمخارج الصوت الصحيحة، وأن يراعي أيضا مناسبة الصوت مع عدد الحضور والمكان الذي تتم فيه الخطبة. كذلك على الملقي مراعاة الالفاظ وحقها في النطق ويكيفها حسب طبيعة المعنى مثل: الاستفهام والتوبيخ والتعجب واللوم والزجر والتقريع والتهويل والوعيد والحيرة والحزن والفرح، ويجب أن تكون إنفعالاته وحركاته متناسبة مع المعاني التي يقصدها، وكل ذلك حتى يثير في نفس السامع نفس المعاني التي قصدها.

والملقي يجب أن يكون ملما في أصول الالقاء، والهيئة التي يكون عليها والحركات التي يتحركها والإيماءات التي يستخدمها أثناء اداءه للنص الذي بين يديه.

[1] انظر - عبد المعطي نمر موسى واخرون، الدراما والمسرح في تعليم الطفل، ص88-90.

وهنالك أساليب لتنمية الثقة في نفس الملقي:

1- التحضير للموضوع جيدا من حيث كتابته وحفظه.

2- التدرب على كيفية إلقاءه عدة مرات.

3- أن يكون قوي الإرادة، منطلقا ومتحررا من عواطف الخوف والخجل من الحضور.

4- التلقائية وعدم التوتر والإحساس الداخلي بأنه افضل من المستمعين معرفة وعلما وبأنهم جاءوا ليستمعوا إليه، ولكن دون الإحساس بالغرور.

لذلك فإن فن الالقاء يعتبر جزءا لا يتجزأ من المسرح المدرسي، حيث أن المسرح يركز خلال أداء الممثل لدوره على الالقاء الصحيح وإخراج الحروف من مخارجها الصحيحة، كذلك فإن "الملقي" هو ممثل عندما يعتلي خشبة المسرح ويبدأ في أداء دوره وموضوع الإلقاء الذي يؤديه.

وتكمن اهمية التمثيل باستخدام اللغة العربية الفصيحة في مساعدة الطلاب على اكتساب المهارات اللغوية المختلفة والمعاني والجمل المعبرة التي تساعدهم على تطوير ما لديهم من مخزون ثقافي وتعليمي سابق[1].

كذلك توجد علاقة قوية بين المسرح الشعري وفن الالقاء حيث أن الحوار الشعري يحتاج إلى الالقاء والأداء الصوتي والحركي المتميز.

إن دور المشرف المسرحي كبير جدا في هذا المجال حيث أنه مكلف بنشر هذا الفن بين الطلاب وتعويدهم على الإلقاء الصحيح والأداء المسرحي الصوتي والحركي لهم، وذلك من خلال الوسائل التربوية المختلفة مثل الإذاعة

(1)

المدرسية وإقامة المساجلات الشعرية والقصصية وإعداد مسابقات الإلقاء الفردي والإلقاء الجماعي والمسرحيات المدرسية المكتوبة باللغة العربية الفصحى.

إن إتاحة الفرصة للطلاب الموهوبين في هذا المجال يجعل منهم الخطباء والمذيعين القادرين على العطاء داخل وخارج المدرسة.

وللمشرف المسرحي دور آخر لا يقل أهمية عن السابق يتمثل في اكتشاف الطلاب ذوي العاهات النطقية الذين حرموا من نعمة النطق الصحيح لأسباب وراثية أو عضوية أو بيئية.

ومن هذه العيوب ما يكون خفيفا يمكن التغلب عليه من خلال التمارين المختلفة على اسلوب النطق السليم وغرس الثقة في نفوسهم وتدريبهم على المهارات اللغوية والالقائية والمسرحية والتي تساعدهم في الاستجابة للمعالجة والتخفيف من بعض هذه العيوب النطقية شيئا فشيئا حتى يتم القضاء على جزء كبير منها في وقت لاحق، وبالتالي القضاء بعض الأمراض النفسية التي تخلفها هذه العيوب النطقية.

فالطالب يحس في داخل نفسه بأنه ناقص عن زملاءه الذين لا يعانون من أية عيوب نطقية.

كذلك يشترك فن الالقاء مع المسرح التعليمي في أنهما يساعدا الطالب-الممثل-على الانطلاق بتلقائية في مواجهة الجمهور والقضاء على بعض السلوكات السلبية مثل: الخوف والخجل والانطوائية والتردد.

ويمكن علاج بعض عيوب النطق من خلال اشتراكهم في برامج مسرحية ومسابقات الإلقاء والتعبير ومن خلال تفعيل النشاطات اللغوية

المختلفة، وتمارين التنفس (الشهيق والزفير) وتنظيمه[1], فالصوت يعتمد أساسا على تنظيم التنفس خلال الوقفات المختلفة والتباين الصوتي والأداء.

وعلى المدرسة كمركز تربوي تعليمي الاهتمام بهذا الموضوع جيدا لما له من آثار إيجابية في نفوس الطلاب من خلال تشخيص تلك الحالات والتعاون مع القطاعات الأخرى ذات العلاقة مثل القطاع الصحي والنفسي، وبالتالي البحث عن إيجاد الحلول المناسبة لها بما فيها انخراطهم في مجالات النشاطات المختلفة مثل مسابقات الإلقاء والتعبير والخطابة والمسرح التعليمي حتى تؤدي دورها في إعداد جيل ينطق بالفصاحة ويذود عنها، قادر على المساهمة في بناء المجتمع الذي يعيش فيه.

الباب الثالث

الجانب التطبيقي

في المسرح المدرسي

* مدخل إلى الإخراج المسرحي
* عناصر الإخراج المسرحي الأساسية
* الحركة المسرحية
* الإيقاع
* إخراج المسرحيات المدرسية
* اختيار النص المسرحي المناسب
* مواصفات النص المسرحي المناسب لمسرح الطفل (6-12سنة)
* التدريبات المسرحية(العملية)
* تصميم الديكور المسرحي المناسب
* الملابس المسرحية
* الإخراج المسرحي
* التكوين
* التصور التخيلي
* التمثيل الصامت- (البانتوميم) MIME
* اختيار الفريق المسرحي من طلاب المدرسة
* مسرحة المناهج
* مواصفات النص المسرحي المناسب للطلاب (13- 18سنة)
* تجهيز عناصر العرض المسرحي المختلفة
* تصميم الإضاءة المسرحية
* المكياج المسرحي

* المؤثرات الصوتية
* الإدارة المسرحية
* مدير المسرح
* مصمم الاضاءة
* مصمم الملابس
* مصمم المكياج (الماكيير)
* مسؤول الستارة

* المؤثرات المرئية
* طاقم الإدارة المسرحية
* الميكانيست
* فني المؤثرات الصوتية
* مسئول الاكسسوار
* الملقن

مدخل إلى الإخراج المسرحي

إذا أردنا أن نتعرف في هذا الباب على الجانب التطبيقي في المسرح المدرسي, او مسرح الطفل الاحترافي, فإن من الضروري أن نتعرف على الأسس الرئيسية للإخراج المسرحي قبل ذلك، حيث أنه لا بد للمشرف المسرحي(المخرج) في المدرسة أن يكون ملما بها لكي يستخدمها أثناء إخراجه للعروض المسرحية.

وسوف لن أتوسع في هذا المجال كثيرا، ولكن سوف أتناول الأسس والقواعد الرئيسية العامة لفن الإخراج المسرحي, وكذلك التعرف على جغرافية المسرح وتقسيماته.

فالإخراج المسرحي: هو فن التأمل والرؤية الشاملة وجودة التعبير، وجمال الإحساس، والقدرة على تجميع خيوط العرض المسرحي (التمثيل، الديكور، الإضاءة، الصوت، الملابس، المكياج، الرؤية الإخراجية..) في نسيج واحد متناغم الشكل والمضمون والمتعة والفائدة, وهو يقوم على كيفية ترجمة النص المكتوب على الورق الى صورة جديدة مليئة بالمضامين الفكرية والجمالية.

والمخرج كما يراه (عقيل مهدي يوسف) في كتابه: (التربية المسرحية في المدارس): هو قائد يعمل على تنظيم العمل واستثمار طاقات الفريق الذي يقوده, واستثارة دوافعهم الكامنة مستفيدا من قدراته التقنية, ومهارة تحليله للنص واختياره لعناصر العرض المسرحي[1].

(1)

وهو: مفسر العمل المسرحي ومحلله، وناقل لرؤيته الخاصة للعرض المسرحي، وهو المنسق لعناصر العرض بما يحقق الهدف العام المنوي تحقيقه.

إن الرؤية الإخراجية للمخرج ناتجة من أحاسيسه وثقافته وخبراته الثقافية والوجدانية المختلفة التي يستخدمها بمهارة فائقة لتحقيق أهدافه المنشودة من وراء العرض المسرحي بما لا يتعارض مع أهداف المؤلف للنص المسرحي[1].

(والمخرج قد يكون منظما أو سياسيا أو مستقرئا سيكولوجيا،أو محللا علمانيا، أو كائنا مبدعا، ويجب أن يكون محبا كبيرا)[2].

وقبل الشروع في حرفية العمل مع الممثلين في المسرح فإنه من الضروري بمكان أن نتعرف على جغرافية المسرح ومناطق القوة والضعف على خشبته.

تقسم خشبة المسرح إلى تسع مناطق هي:

1. أعلى اليمين.
2. وسط اليمين.

---

[1] انظر - الكسندر دين، أسس الإخراج المسرحي، ترجمة : سعديه غنيم، مراجعة: محمد فتحي، الهيئة المصرية العامة للكتاب، مصر، 1983, ص34-35, (وسيشار إليه لاحقا بـ: الكسندر دين، أسس الإخراج المسرحي).

[2] هارولد كلير مان، ترجمة ممدوح عدوان، حول الإخراج المسرحي، مراجعة وتقديم علي كنعان، دار دمشق للطباعة

3.   أسفل اليمين.

4.   أعلى الوسط.

5.   وسط الوسط.

6.   أسفل الوسط.

7.   أعلى اليسار.

8.   وسط اليسار.

9.   أسفل اليسار[1].

وقد اختلف بعض المسرحيين في هذه المناطق والاتجاهات هل تكون بالنسبة للمثلين وهم على خشبة المسرح، أم تكون بالنسبة للمشاهدين في الصالة، ومهما كان الاختلاف فإن هذه المناطق التسع هي المكونات الرئيسية لخشبة المسرح.

وسوف أتناول هذه المناطق والاتجاهات بالنسبة للممثلين الموجودين على خشبة المسرح.

أما البناء المسرحي جميعه فينقسم إلى عدة أقسام:

1- الصالة: مكان جلوس المشاهدين.

2- خشبة المسرح: مكان التمثيل والكواليس وأماكن وضع الديكورات.

3- البروسينيوم: وهي الفتحة التي يرى الجمهور من خلالها العرض المسرحي، وتسمى الجدار الرابع (الوهمي) الذي يفصل خشبة المسرح عن صالة المشاهدين.

4- الستارة: وهي قطعة القماش التي تغطي فتحة المسرح، ووظيفتها حجب الخشبة المسرحية عن أنظار المشاهدين أثناء تغيير المشاهد والمناظر والفصول المختلفة.

5- البرواز الداخلي: وهو الاطار الحقيقي للصورة المسرحية المرئية من قبل المشاهدين.

6- المقدمة (اللسان): امتداد خشبة المسرح نحو صالة المشاهدين، وتستغل للتقديم والتعليق.

7- الخلفية: (خلف البانوراما): وهي المنطقة الواقعة خلف البانوراما ولا يراها الجمهور، وتستعمل لمرور الممثلين بين يمين ويسار المسرح، وكذلك تستخدم لوضع الاضاءة الخلفية.

8- سقف منطقة التمثيل: الفراغ الذي يعلو خشبة المسرح وهي تستخدم لتعليق المناظر المختلفة والستائر والاكسسوارات والمناظر التي يود المخرج تعليقها[1].

صالة المتفرجين		
9. أسفل اليسار	6. أسفل الوسط	3. أسفل اليمين
8. وسط اليسار	5. وسط الوسط	2. وسط اليمين
7. أعلى اليسار	4. أعلى الوسط	1. أعلى اليمين

مناطق خشبة المسرح

أوضاع الممثل على خشبة المسرح:

1- وضع المواجهة الكاملة مع الجمهور: (Full Face) حيث يكون وجه الممثل كاملا للأمام نحو الجمهور.

2- وضع الربع (التروكار): يكون ثلاثة أرباع الوجه نحو الجمهور والربع الآخر غير مرئي.

3- وضع النصف (البروفيل): يكون نصف وجه الممثل ظاهرا نحو الجمهور والنصف الآخر غير مرئي.

4- وضع الثلاثة أرباع: (تروكار داخلي): يكون ربع وجه الممثل مرئيا من قبل الجمهور والثلاثة أرباع الباقية غير مرئية.

5- وضع الاستدارة الكاملة للخلف: (Full Back) بحيث يكون ظهر الممثل مرئيا من قبل الجمهور أما وجهه فهو غير مرئي تماما[1].

مدلولات أوضاع جسم الممثل وحركته على خشبة المسرح:

1- يجب على الممثل أن لا يتحرك على خشبة المسرح دون سبب ومبرر لذلك، كذلك يجب عليه أن لا يرتبك في أداء حركة ما على المسرح بل عليه أداءها بكل سهولة ويسر دون أن يلاحظ المشاهدون أي تردد في الحركة.

2- يجب على الممثل أن لا يجلس باسترخاء على كنبة أو كرسي وإنما يكون جالسا على مقدمة رجليه يقظا متأهبا لأداء الحركة القادمة.

(1)

3- يكون دوران الممثل وحركته من جهة إلى اخرى باستخدام أقصر مسافة لذلك.

4- عند استخدام اليدين في الحركة يجب أن لا تغطي على الوجه لأنه مركز الاحساس والأداء والإيماء بالنسبة للممثل، كذلك إذا اقتضت الحركة تحريك إحدى اليدين فإنه يجب تحريك اليد الداخلية التي لا تخفي الوجه أثناء حركتها.

5- يجب أن لا يدير الممثل ظهره للمشاهدين إلا إذا كان هنالك هدفا يريد تحقيقه المخرج من وراء تلك الحركة.

6- أثناء نهوض الممثل من على كنبة أو كرسي يجب عليه أن يجعل قدما أمام الأخرى حتى تسهل عملية النهوض.

7- إذا شعر ممثل بأن زميله الآخر على خشبة المسرح قد حجب أنظار الجمهور عنه فإنه يتحرك حركة قصيرة كي يراه المشاهدون[1].

مناطق القوة والضعف على خشبة المسرح:

لقد اختلفت الآراء حول مناطق القوة والضعف على خشبة المسرح، ولكن أصبح هنالك اتجاها عاما لدى الكثير من المسرحيين بأن أقوى المناطق على خشبة المسرح هي على الترتيب:

1- أسفل وسط المسرح.

2- أعلى وسط المسرح.

3- أسفل اليمين.

(1)

4- أسفل اليسار.

5- أعلى اليمين.

6- أعلى اليسار.

وعكس ذلك هو الترتيب حسب المناطق الأضعف، وتستخدم هذه المناطق لتكون ملائمة لحركة الممثلين ومدى قوتها وضعفها وبالتالي الإيحاء الدرامي لقوة وضعف الشخصية على المسرح.

المستويات على المسرح:

- وجود الممثل على مستوى أعلى من الآخر يعطيه قوة وعلوا وارتفاعا وسموا.

- الوقوف على درجة سلم أو الجلوس عليه يعطي إحساسا بالقوة والعلو والسمو.

- الجلوس على كنبة يعطي الممثل قوة أكثر من الممثل الذي يجلس على الأرض أو راقدا عليها.

- الممثل الذي يقف على رجليه أقوى من الممثل الذي يجلس على كنبه أو على الأرض، وهنالك قاعدة عامة تقول : كلما كان وجه الممثل ظاهرا للمشاهدين وقامته مرتفعة كلما كان وضعه قويا[1].

عناصر الإخراج المسرحي الأساسية:

أولا: التكوين.

ثانيا: التصور التخيلي.

ثالثا: الحركة.

رابعا: الايقاع.

خامسا: التمثيل الصامت[1].

أولا: التكوين:

وهو(الترتيب المنطقي والمعقول للأشخاص على خشبة المسرح حتى تتحقق سهولة التفسير والرؤية الجمالية المؤثرة في نفوس المشاهدين)[2].

والتأكيد مهم جدا في تعريف المشاهد بالشخصيات في بداية المسرحية. ولكن يجب عدم المبالغة به حتى لا يؤدي ذلك إلى نتائج غير مرغوب بها[3].

ويتحقق التأكيد من خلال ما يلي:

أ- التأكيد:

وهو التأكيد على شخصية معينة أو مجموعة من الشخصيات حسب أهميتها في المسرحية. ويمكن التأكيد عن طريق:

[1] نفس المصدر السابق، ص 45.

[2] نفس المصدر السابق، ص173.

1- وضع الجسم:

يكون في مواجهة كاملة مع المشاهدين أو العكس مما يعطيها تأكيدا معينا دون غيرها.

2- منطقة التمثيل:

إن منطقة التمثيل تعطي تأكيدا للشخصية دون غيرها. فيمكن مثلا وضع شخصية في منطقة قوية وباقي الشخصيات في مناطقة ضعيفة.

3- عن طريق المستوى:

يمكن وضع الشخصية المراد تأكيدها على مستوى يختلف عن مستوى الشخصيات الأخرى.

4- الفراغ:

فالفراغ الموجود حول الشخصية يعطيها تأكيدا من غيرها.

ب- الثبات:

إن الثبات يعطي صفة الاستقرار للصورة المسرحية والصورة غير المستقرة تعطي إحساسا غير مريحا لدى المشاهدين.

لذلك يجب وضع بعض الشخصيات في أماكن قوية دراميا وأخرى ضعيفة لترسيخ مبدأ الثبات على الصورة المسرحية.

جـ- التتابع:

وهو الفاصل المسافي بين الشخصيات والذي يجب أن يكون دائما في تواتر منتظم تقريبا.

د- التوازن:

تعتبر خشبة المسرح عبارة عن ميزان ذي كفتين يمينا ويسارا، لذلك يجب أن تكون خشبة المسرح متوازنة، وهذا لا يعني تقسيم الشخصيات بعدد متساوي يمينا وشمالا، بل يجب أن تكون شخصية واحدة مثلا في جهة اليمين إذا كانت باقي الشخصيات في جهة اليسار[1].

فالتوازن المتماثل يعني توزيع الشخوص بشكل متسأوي على المسرح، اما التوازن غير المتماثل فيعني عدم التساوي في توزيع الشخوص على يمين ويسار المسرح.

وهناك اربعة انواع للتأكيد:

1- **التأكيد المباشر:** وهو عبارة عن ترتيب الاشخاص على المسرح، بحيث يتجه الاهتمام مباشرة إلى الشخصية المطلوب تأكيدها.

2- **التأكيد المزدوج:** وهو عبارة عن ترتيب الاشخاص على المسرح، وهنا يتم التركيز والتأكيد على شخصيتين متساويتين في الاهمية أثناء المشهد المسرحي الواحد.

3- **التأكيد المتنوع:** وهو التركيز على شخصيتين أو اكثر في كل مشهد مسرحي.

4- **التأكيد الثانوي:** وهو التركيز على شخصية ثانوية تلعب دورا هاما باحداث المسرحية[2].

---

[1] انظر - الكسندر دين، أسس الإخراج المسرحي، ص174 -184.

دلالات الخطوط الوجدانية لدى المشاهدين:

1- الخطوط الأفقية: تعطي شعورا بالراحة والسكينة والاسترخاء.

2- الخطوط الرأسية: تعطي إحساسا بالرقي والسمو والرفعة والأبهة الملكية.

3- الخطوط المائلة: وهي تعطي إحساسا بالشيء المصطنع أو الشاذ أو الطريف.

4- الخطوط المستقيمة: تعطي إحساسا بالقوة والصلابة والتمسك والانتظام.

5- الخطوط المنحنية: تعطي إحساسا بالرشاقة والألفه والطيبة.

دلالات الشكل:

1- الشكل المتناسق: يعبر عن الرسميات والتصنع والبرود والصلابة والغرابة.

2- الشكل غير المتنظم: يدل على العشوائية.

3- الشكل ذو السطح الواحد: يدل على الغرابة والتصنع والهياج والانفعال.

4- الشكل المتماسك: يعبر عن الدفء والقوة والرعب.

5- الشكل المنتشر: ويدل على اللامبالاة والبرود.

6- الشكل متعدد المسطحات: ويعبر عن الدفء والثراء والاسترخاء والوقار.

ثانيا: الحركة المسرحية:

وهي (الصورة المسرحية في حالة الفعل)[1].

(1)

إن المخرج المسرحي يخطط لكل حركة على المسرح، حيث أن الطاقة الحيوية للمسرحية كثيرا ما نجد تعبيرها في الحركة الجسمية التي تنمو نموا طبيعيا منسجمة مع الشخصية[1] وتنقسم الحركة المسرحية إلى قسمين:

أ- حركة جسم الممثل:

ومن هذه الحركات: رفع الذراع، النهوض، الاعتدال، إمالة الجسم، حركة الرأس، تحريك الوجه، تحريك اليدين...

ب- حركة الممثل على خشبة المسرح:

وهي خطوط حركة الممثل على المسرح من مشي وركض وقفز وغيرها، وهي ذات قيمة خاصة بالنسبة للقوةوالضعف، وترتبط مع التكوين المسرحي. وقد تحدثت سابقا عن مناطق القوة والضعف على خشبة المسرح، ولكن يجب تأكيد بعض المباديء الأساسية للحركة المسرحية:

- يجب توفر المبرر لكل حركة على خشبة المسرح.

- إذا تحرك الممثل من منطقة قوية إلى منطقة ضعيفة فإن حركته تكون ضعيفة والعكس صحيح.

- يجب أن تتم الحركة مع بداية الحوار إلا في حالة وجود مبرر قوي لحركة الممثل قبل الحوار أو بعده.

- إن طول الحركة يضعفها غالبا، لذلك يجب أن تكون الحركة قصيرة وذات هدف.

- يجب أن تكون بداية حركة الشخصيات القوية من أعلى المسرح ثم خروجها من الفتحات الموجودة للكواليس في أسفل يمين أو يسار المسرح.
- إن حركة الممثل في خط منحني هي أفضل الحركات المسرحية لأنها تجعل الممثل مكشوفا لدى الجمهور، وتعطي سلاسة في سهولة الحركة.
- يجب على الممثل عند حركته أن يمر من أمام زميله وليس من خلفه إلا إذا كان من الخدم أو الشخصيات الهامشية ذات الحركات الخفية.
- عند دخول عدة شخصيات من الكواليس إلى خشبة المسرح فإن الشخصية التي تتكلم هي التي تدخل في البداية.
- عند خروج الشخصية من خشبة المسرح إلى الكواليس فإن حركة الخط المنحني هي الحركة المناسبة لها، لكي يظل الممثل مرئيا من قبل المشاهدين.
- أفضل الأماكن على خشبة المسرح للمواقف الجانبية أو المونولوجات هي مقدمة أسفل المسرح[1].

ثالثا: التصور التخيلي:

وهو يعني التفسير البصري لكل لحظة مسرحية ووضع الشخصيات في مواضع بحيث توحي بمواقفها الذهنية والوجدانية تجاه بعضها البعض، الأمر الذي يؤدي إلى نقل طبيعة الموقف الدرامي إلى المشاهدين دون استخدام حوار أو حركة مسرحية[2].

---

[1] انظر - الكسندر دين، أسس الإخراج المسرحي، ص276 - 300.

[2] [illegible]

ان من حق المشاهد أن يتعرف على العلاقات الوجدانية بين الممثلين على خشبة المسرح من خلال ما يراه من صورة مسرحية مكونة من لحظات بصرية متراكمة.

وقد يلجأ بعض الكتاب المسرحيين إلى اقحام معلومات أو تفسيرات من خلال عبارات مكتوبة، أو من خلال اعطاء مقدمة عن المسرحية قبل بدايتها، وهذا الاسلوب لا يلقى قبولا عند الكثير من المشاهدين[1].

رابعا: الإيقـاع:

الايقاع هو: (التجربة التي نتلقاها حين يكون هنالك اتساقا من الانطباعات السمعية أو البصرية في مجموعات متواترة ذات نبرة خاصة، وتشترك جميع الايقاعات بالحيوية وقوة الجاذبية)[2].

والايقاع كذلك (هو حركة الحدث سواء أكانت سريعة أو بطيئة، وتتابع الايقاعات على طول المسرحية يخلق ما يعرف بـ: (TONE)، وايقاع المسرحية عامل هام في نجاحها أو فشلها)[3].

ويتتحدد الايقاع في المسرحية عن طريق:

1- ايقاع الجمل الواردة في النص.
2- ايقاع المكان والجو.
3- ايقاع الشخصيات.

---

[1] انظر - ستوارث كريفش، صناعة المسرحية، ص57 – 59.

[2] الكسندر دين ، أسس الإخراج المسرحي، ص353.

[3] سمير سرحان، تجارب جديدة في الفن المسرحي، طبعة عراقية بترخيص من المؤلف، وزارة الثقافة والاعلام (دار الشؤون الثقافية العامة – افاق عربية)، العراق ، ص87- 88 (وسيشار إليه لاحقا بـ: سمير سرحان ، تجارب جديدة في الفن

ومن وظائف الايقاع في المسرحية:

1- تقرير المزاج.

2- نقل الانطباع بالمكان.

3- تقرير طبيعة الشخصية.

4- نقل الإحساس بتغيير المشهد أو المكان.

5- ربط الممثلين في مجموعة متناسقة.

6- ربط جميع اجزاء المسرحية [1].

خامسا: التمثيل الصامت- (البانتوميم) MIME:

ويعتبر التمثيل الصامت من أبلغ الفنون التعبيرية، وهو يعني (الفعل بدون كلام) [2].

وتتركز الأفعال والإيماءات في منطقة الوجه عند الممثل، ويمكن للممثل استخدام جميع أجزاء جسمه للتعبير عن الشخصية التي يمثلها، ويمكن له كذلك استخدام المؤثرات الصوتية والضوئية والاكسسوارات والملابس اللازمة له.

وهذا الفن يتطلب مهارة فائقة في التمثيل والتركيز وسرعة البديهة والملاحظة والليونة الجسدية والتدريبات الرياضية والذهنية الشاقة والقدرة على التخيل والارتجال.

---

[1] انظر – الكسندر دين، أسس الإخراج المسرحي، ص354– 355.
[2]

وقد سبق وأن تحدثت عن التمثيل الصامت (الإيمائي) في الباب الثاني السابق.

إخراج المسرحيات المدرسية:

إن عملية تنفيذ العروض المسرحية في المدارس تحتاج إلى جهد كبير وتخطيط سليم مبني على المعرفة العملية والأكاديمية حتى يخرج العمل المسرحي إلى حيز الوجود مكتمل العناصر الفنية والأهداف التربوية المتوخاة من تنفيذه.

وسوف أتطرق إلى هذه الخطوات بالتفصيل حتى يتمكن المشرف المسرحي في المدرسة من الإلمام بها والتمشي بموجبها أثناء إخراجه للعروض المسرحية.

وهذه الخطوات هي:

1- اختيار الفريق المسرحي من طلاب المدرسة.

2- اختيار النص المسرحي المناسب.

3- التدريبات المسرحية العملية.

4- تجهيز عناصر العرض المسرحي المختلفة:

أ- تصميم الديكور المسرحي المناسب.

ب- تصميم الاضاءة المسرحية.

ج- تصميم الملابس المسرحية.

د- تنفيذ المكياج المسرحي المناسب.

هـ- المؤثرات الصوتية والمرئية.

و- طاقم الإدارة المسرحية.

اختيار الفريق المسرحي من طلاب المدرسة:

إن عملية اختيار الفريق المسرحي الطلابي غاية في الصعوبة خصوصا في بداية الأمر عندما يكون المشرف المدرسي لا يعرف الطلاب الموهوبين في مجال التمثيل.

إن طريقة المقابلات الشخصية التي يجريها المشرف المسرحي مع الطلاب والاختبارات الأولية تجعله يتعرف على مواهبهم وقدراتهم المختلفة التي يجب أن تتوفر فيهم ومنها:

- الموهبة.
- الإحساس والقدرة على التخيل.
- المرونة الجسدية والصوت القوي.
- القدرة على التعبير.
- التفوق الفني والخبرات السابقة.
- الأخلاق والسلوك الحسن.
- الالتزام بالمواعيد.
- الاستعداد للعمل والتدريبات وتلقي التعليمات.
- البعد المادي (الجسمي) المناسب للشخصية.

اختيار النص المسرحي المناسب:

وهنالك عدة أمور لا بد من توافرها في النص المسرحي:

- أن يكون النص تربويا أو منهجيا، وقد يناقش النص قضايا اجتماعية ودينية وتاريخية ووطنية.

- أن يكون منسجما مع التعاليم الدينية والمثل الأخلاقية العليا والأهداف التربوية.

- أن يكون منسجما مع طبيعة المجتمع وعاداته وتقاليده.

- أن يكون باللغة العربية الفصحى المبسطة.

- أن يحتوي على عنصري المتعة والفائدة.

- أن يكون ملائما للمرحلة الدراسية التي ينتمي إليها أعضاء الفريق المسرحي والمشاهدون.

- أن يكون زمن عرض النص المسرحي ملائما للمرحلة الدراسية التي يجري تنفيذه من خلالها وحاجات الطلبة النفسية والعقلية وقدراتهم الجسدية.

- أن يخاطب مشاعر وأحاسيس الطلاب وعقولهم[1].

وهنالك أشكالا كثيرة للنص المسرحي، حيث أن المشرف الفني يختار أحدها لكي ينفذه مع الطلاب في المدرسة، ولكن طبيعة الأهداف التي يريد تحقيقها المشرف الفني تحتم عليه اختيار النص المناسب, ومن هذه الأشكال:

1- النص المسرحي المؤلف.

2- النص المرتجل.

3- النص المعد.

ويظهر هنا دور المشرف المسرحي في تشجيع طلاب المدارس على التأليف المسرحي والتمثيل من خلال إعطاء المحاضرات المختلفة، وعقد الدورات التدريبية، وإجراء المسابقات المتعددة حولها، والاستعانة بذوي الخبرات الفنية والمسرحية لإثراء المعرفة في هذا المجال, وقد يقوم المشرف المسرحي بتقديم الدروس الصفية من خلال ما يعرف بمسرحة المناهج.

مسرحـــة المناهـــج:

مسرحة المناهج تعني: تحويل المناهج والمقررات الدراسية إلى مسرحية تعبر عن الأفكار والمعلومات والقيم التربوية والجمالية عن طريق الحوار الذي يدور بين الشخصيات بأسلوب جذاب متناسق الشكل والمضمون محتويا على عنصري المتعة والفائدة[1].

ويقوم هذا الأسلوب على تقديم المواد الدراسية بأسلوب محبب للطلاب يسهل استيعابها من قبلهم، ويكون الطالب فيها مشاركا ومشاهدا، مرضيا لنفسه، وملبيا لحاجاته ورغباته[2].

---

[1] أنظر – عبد العزيز محمد السريع وتحسين إبراهيم بدير، المسرح المدرسي في دول الخليج العربي، مكتب التربية العربي لدول الخليج، السعودية، 1993، ص 62، وسيشار اليه لاحقا بـ:(عبد العزيز السريع وآخرون، المسرح المدرسي في دول الخليج العربي).

[2]

وبما أن المسرح المدرسي يعتبر وسيلة تربوية تعليمية ناجحة من خلال ما يقدمه من عناصر العرض المسرحي المختلفة، فأنه الأسلوب الأمثل لتقديم المادة الدراسية للطلاب إضافة للأساليب التعليمية الأخرى التي يستخدمها المعلم في التدريس، وينقل خبرات مختلفة من خلال ما يقدمه المؤدون من معلومات وخبرات تعليمية متنوعة ومواقف تربوية تساعد على تكامل شخصية المؤدي والمتلقي وإكسابهم المهارات المختلفة التي تجعلهم أفرادا نافعين متفاعلين مع مجتمعهم [1].

إن عملية مسرحة المناهج تعمل على ترسيخ المعلومات في أذهان الطلاب وتصحيح المعلومات الخاطئة وتوضح المفاهيم المختلفة، وقد ثبت علميا بأن التعليم عن طريق الوسائل الحسية والبصرية أجدى وأكثر استيعابا من قبل الطلاب، ويمكن من خلال هذه العملية تحقيق أهداف تربوية وتعليمية واجتماعية ونفسية في شخصية المؤدي والمتلقي على السواء.

ومن أهداف مسرحة المناهج:

1- ترسيخ القيم التربوية والإسلامية المثلى لدى الطالب المؤدي والمتلقي.

2- تبسيط المواد والمناهج الدراسية وتسهيل استيعابها من قبل الطلاب وترسيخها في عقولهم.

3- مساعدة الطلبة على تكامل شخصياتهم النفسية والاجتماعية.

4- تعويد الطلبة على الثقة بالنفس ومواجهة الناس وكسر حاجز الخوف والخجل لديهم.

5- التركيز على استخدام اللغة العربية الفصحى في كتابة المسرحيات المدرسية وعروضها أمام الجمهور.

6- تعويد الطلبة على حضور العروض المسرحية وتذوقها ونقدها فنيا من خلال الشكل الفني والمضمون التربوي.

7- مساعدة الطالب المؤدي على إتقان فنون: الإلقاء والتمثيل والارتجال والأناشيد.

8- إضفاء جو المتعة والإبهار في نفوس الطلاب.

9- تقديم المعلومات للطلاب بأسلوب جذاب دون الإحساس برهبة المعلم ومراقبته لهم.

10- مساعدة الطالب على التفكير وإيجاد الحلول المختلفة واستخدام خياله العلمي في اكتساب خبرات تعليمية[1].

طريقة مسرحة درس من المنهاج الدراسي:

1- اختيار الدرس المراد مسرحته.

2- تحديد الأفكار الرئيسية التي يحويها الدرس.

3- تحديد المعلومات الأخرى المتعلقة بالدرس والتي لا بد من معالجتها.

4- تحديد القيم التربوية والاجتماعية والنفسية المراد معالجتها من خلال هذا الدرس.

5- الإحاطة الكاملة بالظروف الخارجية والتاريخية المحيطة بالموضوع والتأكد من صحة المعلومات.

6- إعداد القصة المناسبة التي تحوي هذه الأفكار والمعلومات وتحديد الشخصيات وحوارها المناسب للمرحلتين: الدراسية والعمرية للطلاب.

7- مراعاة عناصر التشويق والإبهار والخيال أثناء كتابة المسرحية.

8- مراعاة اللغة العربية الفصحى المناسبة للمخزون اللغوي عند الطلاب.

9- مراعاة المراحل الدراسية والعمرية وخصائصها أثناء عملية الكتابة وما يتناسب معها في طريقة الكتابة والإخراج حتى تتحقق أهدافها المتمثلة في (تيسير الفهم لدى الطلاب، وتعميق الأثر، وسهولة التذكر، وتجسيد الأنماط السلوكية المنشودة)[1].

10- مراعاة قواعد الكتابة المسرحية وأصولها.

11- مراعاة استخدام أشكال مسرحية مختلفة عند تنفيذ المسرحية مثل خيال الظل أو الأراجوز أو الدمى المتحركة المناسبة لطبيعة الدرس وطبيعة المرحلتين: الدراسية والعمرية للطلاب.

12- استخدام عناصر الإخراج المسرحي المختلفة حتى يظهر العرض المسرحي بصورته المثلى.

مواصفات النص المسرحي المناسب لمسرح الطفل (6-12 سنة):

إن عملية الكتابة للطفل من الأمور الصعبة التي يواجهها الكاتب المسرحي، حيث أن هذه الشريحة ذات خصائص مميزة وحساسة.

إن مرحلة الطفولة تمتاز بخصائص نفسية واجتماعية معينة تحتم على الكاتب أخذها بعين الاعتبار أثناء كتابته للنصوص المسرحية الملائمة لها.

ولذلك على الكاتب المسرحي مراعاة قدرات الطفل العقلية التي تتناسب مع مرحلته السنية من أجل تنمية قدرات الذكاء والتفكير السليم والخيال الخلاق المبدع والأسلوب العلمي الذي يؤهله للتكيف مع واقعه ومجتمعه الذي يعيش فيه.

كما أن للطفل حاجات وغرائز جسمية وروحية ينبغي تنميتها من خلال الأعمال المسرحية التي تعرض له، و للطفل عالمه الخاص به الذي يميزه عن غيره، له رموزه، وله دلالاته ووسائل تعبيره المختلفة، وعلى الكاتب المسرحي أن يكون طفلا ناضجا في تفكيره لكي يستطيع التعبير عن عالم الطفل بكل ما فيه.

وبهذا المعنى يقول الكاتب **مارك توين** (MARK-TWEN) عن مسرح الطفل: (إنه أقوى معلم للأخلاق، وخير دافع إلى السلوك الطيب، لأن دروسه لا تلقن بالكتب بطريقة مرهقة بل بالحركة المنظورة التي تبعث الحماس, إن كتب الأطفال لا يتعدى تأثيرها العقل، وقلما تصل إليه بعد رحلتها الطويلة الباهتة، ولكن حين تبدأ الدروس رحلتها من مسرح الطفل فإنها لا تتوقف في منتصف الطريق.. بل تمشي إلى غايتها)[1].

لذلك، فإن أهم مميزات النص المسرحي المناسب للأطفال من سن (6-12عاما) هي:

1- أن يحتوي النص المسرحي على العروض الحركية والاستعراضية والأغاني والأناشيد والمغامرات.

2- أن يحتوي النص كذلك على عنصري الخيال والإيهام, فالطفل يحأول من خلال تمثيل القصص الخيالية أن يكون تصورات وتخيلات عقلية[1].

3- أن يكون النص المسرحي مشوقا وجذابا.

4- أن يحتوي على عنصري الخير والشر والصراع بينهما وانتصار الخير على الشر في النهاية.

5- أن يحتوي على نماذج من البطولة الخارقة التي تجذب انتباهه وتستحوذ على اهتمامه.

6- أن يحتوي النص المسرحي على شخصيات حيوانية محببة إلى نفسه.

7- أن يكون النص المسرحي متناسبا مع تفكير الطفل وعواطفه ومخزونه الثقافي واللغوي.

8- أن يحتوي النص المسرحي على الحوار البسيط والفكرة الهادفة غير المعقدة.

9- أن يراعي دور الحكواتي (الراوي) الذي يكون – غالبا- رجلا طاعنا في السن أو مهرجا.

10- أن يكون النص تربويا هادفا مراعيا للدين الاسلامي وتعاليمه والأهداف التربوية والأخلاقية التي يتلقاها الطفل في أسرته ومدرسته ومجتمعه.

11- أن يكون زمن العرض المسرحي قصيرا وذلك خشية أن يصاب الطفل بالملل والإرهاق.

12- أن يراعي اختيار الديكور الجذاب والملابس الملونة والإضاءة المبهرة أثناء إخراج العروض المسرحية.

مواصفات النص المسرحي المناسب للطلاب (13- 18 سنة):

إن هذه المرحلة العمرية لها خصائصها المميزة، حيث أن الطلاب تطوروا عقليا وجسميا وعاطفيا عن مرحلة الطفولة وتوسعت مداركهم، ونمت مواهبهم وقدراتهم المختلفة، وزادت خبراتهم الاجتماعية والدراسية. وعلى الكاتب المسرحي مراعاة هذه المرحلة وخصائصها ومدى توافقها مع شخصية الطالب، وبالتالي كتابة النص المسرحي المناسب.

ويمكن أن تكون مميزات النص المسرحي المناسب لهذه المرحلة هي:

1- أن يكون النص المسرحي مراعيا للتعاليم الدينية والقيم التربوية المثلى.

2- أن يحتوي على مواقف البطولة والفداء.

3- أن ينمي عاطفة حب الوطن والمجتمع.

4- أن يناقش النص المسرحي بعض القضايا الهامة التي تهم الطالب في هذه المرحلة والتي تساعد على اكتمال شخصيته ونموها وتكيفها مع المجتمع.

5- التركيز على الأحداث الواقعية والبعد عن المغالاة في عنصري الخيال والإيهام، والفكرة تكون متطورة في هذه المرحلة.

6- التركيز على اللغة العربية الفصحى في الحوار.

7- أن يتم التركيز على المنهاج الدراسي للاستفادة منه في عملية "مسرحة المناهج".

8- أن يكون زمن العرض المسرحي متناسبا مع قدرات الطلاب.

9- يراعى استخدام الأسلوب الواقعي أثناء إخراج العروض المسرحية في هذه المرحلة[1].

ويمكن الاستفادة من بعض النصوص المسرحية المختلفة وإعدادها بما يتناسب مع المراحل الدراسية والعمرية للطلاب، أو اقتباس أفكار ومعلومات مختلفة وتطويرها بما يلاءم حاجات وميول الطلاب وقدراتهم في مراحلهم المختلفة.

التدريبات المسرحية (العملية):

على المشرف المسرحي في المدرسة أن يسأل نفسه بعض الأسئلة ثم يجيب عليها لكي يتمكن من إنجاز عمله بسهولة، واضعا نصب عينيه الإمكانات البشرية والمالية والإدارية اللازمة.

ومن هذه الأسئلة:

1- ما هي الفكرة الرئيسية للنص المسرحي والتي يود التركيز عليها وإبرازها؟

2- ما هي الوسائل المناسبة لإبراز الفكرة وتجسيدها؟

3- هل تتفق إمكانات المدرسة أو القطاع التعليمي مع وجهة نظره في تنفيذ العرض المسرحي؟

4- ما هو أسلوب الأداء المناسب الذي ينتهجه الطلاب (الممثلون) في العرض المسرحي؟

5- ما مدى التعاون بينه وبين مصممي الديكور والملابس والإضاءة لإنجاح العرض؟

6- ما هي المدة الزمنية للعرض بحيث يبقى مشوقا؟

7- ما هي طبيعة الطلاب المشاهدين وثقافتهم ؟

8- ما هي الأهداف التربوية والتعليمية التي يحققها العرض المسرحي؟

9- ما مدى مناسبة النص المسرحي مع المرحلة العمرية والدراسية للطلاب المشتركين في العرض المسرحي والطلاب المشاهدين؟

10- ما هي المدة الزمنية التي يحتاجها لإنجاز العمل المسرحي إلى حيز الوجود، وهل تتفق هذه الفترة الزمنية مع أوقات فراغ الطلاب بحيث لا تؤثر على دراستهم وواجباتهم المدرسية؟

وبعد الإجابة على الأسئلة الماضية، يبدأ المشرف المسرحي بالتدريبات العملية مع الطلاب.

ومن الخطوات التي يتبعها المشرف المسرحي:

1- توزيع النص المسرحي على الطلاب المشتركين في فريق التمثيل لقراءته وإبداء رأيهم فيه والأدوار التي تناسبهم.

2- توزيع الأدوار على الطلاب بما يتناسب مع مواهبهم وقدراتهم الحسية والصوتية وأبعادهم المادية.

3- مناقشة الطلاب بأدوارهم وطبيعتها والفكرة الرئيسية للنص والأفكار الأخرى للنص والأهداف المتوخاه من العرض المسرحي وتحليل المواقف والصراعات فيه.

4- إجراء البروفات الأولية والتي تتضمن:

- تدريب الطلاب على القراءة الصحيحة واستخدام اللغة العربية الفصحى.

- التركيز على الأداء بما يتناسب مع الوقفات والإيماءات والإشارات الموجودة في النص.

- إعطاء التوجيهات اللازمة للطلاب بما فيها أهمية الالتزام بالوقت وتنفيذ مقترحات وآراء وتوجيهات المشرف أثناء العمل.

- مناقشة الطلاب بخصوص عناصر العرض المسرحي المختلفة.

5- يقوم المشرف المسرحي برسم الحركة المسرحية المطلوبة مسبقا قبل الشروع بالحركة عمليا على المسرح مع إمكانية التعديل عليها أثناء التدريبات.

6- يقوم المشرف المسرحي بالاتفاق مع مصممي الديكور والملابس والإضاءة من زملاءه المعلمين أو من خارج المدرسة. إذا كان بالإمكان ذلك، مع التركيز على اشتراك بعض الطلاب في هذه الأعمال لاكتساب الخبرة والمساعدة في إنجاز العرض المسرحي.

7- تشكيل بعض اللجان الهامة المساعدة مثل: اللجنة الاعلامية، لجنة تغيير الديكور والستارة، لجنة الاضاءة، لجنة الاستقبال.

8- إجراء التدريبات العملية على خشبة المسرح مع الحركة المسرحية والأداء الصوتي بحيث تكون هذه التدريبات مكثفة وكافية حتى يتقن الطلاب أداء أدوارهم وحركاتهم على أكمل وجه.

9- يطلب من الطلاب حفظ أدوارهم مع إتقانهم للأداء والحركة.

10- بعد أن يتم تجهيز الديكور والملابس والاضاءة يقوم المشرف المسرحي بتدريب الطلاب على كيفية التمثيل والتعامل مع الديكور والملابس والاضاءة والحركة المسرحية والأداء والحفظ.

11- يقوم المشرف المسرحي بإجراء البروفات النهائية للعرض المسرحي مع استخدام جميع العناصر الاخراجية ثم توظيفها لخدمته حتى يرى المشرف أن جميع أهدافه التي رسمها قد تحققت وأن العمل المسرحي جاهز للعرض أمام المشاهدين.

12- يحدد المشرف المسرحي الموعد المناسب لتقديم العرض المسرحي، ويقوم بتصميم الإعلانات وبطاقات الدعوة، وعمل الدعاية اللازمة للعرض.

13- يعقد اجتماع لأعضاء العمل المسرحي لإفهامهم مدى المسئولية الملقاة على عاتقهم في العرض المسرحي وإزالة أية صعوبات قد تعترض سبيلهم، ثم يعقد اجتماع آخر بعد الانتهاء من العرض الأول للمسرحية لمناقشة السلبيات إذا وجدت لتلافيها في العروض الأخرى.

إن الإخراج الجيد للعروض المسرحية المدرسية يقوم على مدى تفهم المشرف المسرحي لعمله وإيمانه به وقدرته على التعامل مع عناصر العرض المسرحي المختلفة واختيار النص المسرحي المناسب للمراحل العمرية والدراسية وملائمته للأهداف التربوية، لذلك فإن عملية التدريبات المسرحية تحتاج إلى التركيز والصبر والعمل الدؤوب من قبل جميع العاملين في العمل المسرحي حتى يظهر في صورته التربوية المثلى ويحقق أهدافه التي تم رسمها منذ البداية.

رابعا: تجهيز عناصر العرض المسرحي المختلفة:

أ- تصميم الديكور المسرحي المناسب:

يعتبر فن الديكور المسرحي فنا خلاقا إبداعيا ليس الهدف الرئيسي له الجمال والابهار الفني، بل إظهار المعاني العميقة باستخدام الشكل المناسب والتكوين المناسب واللون المناسب.

والديكور يرتبط ارتباطا وثيقا بعلم الهندسة والرسم الهندسي، وهو يعبر عن أفكار النص المسرحي وترجمتها في معان واضحة عن طريق التشكيل الذي يعبر عن الامور المرئية التي تكمل النص المسرحي وفق أسس ونظريات وقواعد علمية[1].

وقد كان اليونان مهتمين باقامة المناظر في مسرحياتهم، حيث تبقى طوال العرض المسرحي، وعادة تكون عبارة عن واجهة قصر أو معبد أو قلعة أو أي شكل اخر مناسب لموضوع المسرحية، وقد قلدهم الرومان في هذا التقليد.

وفي العصور الوسطى كانت المسرحيات تقدم داخل الكنيسة أو امامها، أو تصمم مناظر مؤقته حسب موضوع المسرحية.

وفي اواخر عصر النهضة الاوروبية توسع الفنانون في هذا المجال واصبحت العروض المسرحية تعتمد على المناظر التي تنقل جو النص المسرحي للمتفرجين.

---

[1] انظر – لويز مليكة، الهندسة والديكور المسرحي، الهيئة المصرية العامة للكتاب، مصر, 1995، ص5 (وسيشار إليه لاحقا بـ

ونتيجة للتطور العلمي ودخول الالات الحديثة في مجال المؤثرات الضوئية والالوان المتعددة والخامات المختلفة للاقمشة والستائر والاخشاب، فان منصة العرض المسرحي اصبحت تشبه السينما[1].

لذلك على مصمم الديكور قراءة النص المسرحي جيدا للتعرف على الجو العام له، ومعرفة أهداف المخرج التي يود إظهارها والتركيز عليها من خلال الديكور. وعليه كذلك ملما أن يكون ملما بفن الاخراج وعناصر العرض المسرحي ومنطقة التمثيل التي تجري عليها حركة الممثلين، وأن يكون عارفا بتاريخ العمارة وفن الرسم وعلم المنظور والملابس والاكسسوارات والاضاءة والمؤثرات الصوتية والضوئية لكي يكون قادرا على تجسيد معنى المسرحية في عصورها المختلفة، معبرا عن طابعها الخاص وجوها المتميز.

إن مصمم الديكور ليس منفذا فقط لاراء المخرج، بل له رؤيته وافكاره الخاصة به التي خرج بها بعد قراءته للنص المسرحي, والديكور على المسرح هو بيئة قائمة بذاتها لا تستخدم فقط للإبهار، بل للاستخدام الامثل للفراغ الموجود على المسرح لخدمة الممثل واحداث الاثر المطلوب لدى المتفرج[2].

وقد اختلفت وجهات النظر حول أهمية الديكور في الاخراج المسرحي، فمنهم من اعتبره عنصرا أساسيا والبعض الآخر اعتبره عنصرا ثانويا يمكن استخدامه عن طريق الايحاء به دون المغالاة في استخدامه, ومع

[1] انظر – نبيل راغب، فن العرض المسرحي، الشركة المصرية العالمية للنشر (لونجمان)، ط1 مصر، 1996، ص183- 185 (وسيشار إليه لاحقا بـ: نبيل راغب، فن العرض المسرحي).

هذا الاختلاف إلا أن الديكور المسرحي ظل عنصرا هاما في نجاح أي عرض مسرحي, وكلما كان متقنا كلما كانت عملية الاخراج المسرحي سهلة وإبداعية.

وظائف الديكور المسرحي:

أولا: تحديد المعالم الخلفية:

إن عدم وجود خلفية ما تحدد حدود المشهد وراء الممثلين يجعل المشاهد مشتت الذهن، لا يعرف مدى منطقة التمثيل، ولا يعرف أين المكان الذي تجري فيه الأحداث.

لذلك، فمن الضروري وجود الديكور الذي يحدد المعالم الخلفية ويجعل نظر المشاهد محصورا في منطقة التمثيل فقط.

ثانيا: نقل المعلومات:

إن أول ما يقع عليه نظر المشاهدين بعد فتح الستارة هو المشهد المسرحي, وإذا لم يشاهدوا منظرا معينا واضح المعالم يعبر عن جو المسرحية وطابعها، فإنهم سيكونون مضطرين للإنتظار وسماع الحوار الذي يدور بين الممثلين لكي يتعرفوا على المكان الذي تجري فيه الأحداث، لذلك فالديكور ينقل للمشاهد المعلومات الضرورية حول المشهد المسرحي وطبيعة المكان وتحديد المركز الاجتماعي للاشخاص الموجودين فيه، و يحدد عنصر الزمان: هل هو صباحا أم مساء، ويحدد كذلك الحالة الثقافية والنفسية للشخصيات المسرحية الموجودة في المشهد.

ثالثا: الجو العام للمسرحية:

وهو: الطابع العام للمسرحية: كوميدي، تراجيدي، استعراض، فلكلور شعبي... وعندما يرى المشاهد المنظر المسرحي الذي أمامه فإنه يستطيع أن يتعرف على الجو العام للمسرحية، ويستطيع تحليل الرموز التي أمامه في ديكور المسرحية.

فعندما يرى المشاهد رموزا تدل على القتل والدم والجماجم واللون الأسود الذي يسيطر على المنظر فإنه ينتابه الشعور بالخوف والهلع والحكم على الأحداث بأنها ذات طابع مخيف وسوداوي.

وعكس ذلك، إذا رأى الألوان الزاهية في الديكور والاضاءة البراقة الملونة، والمناظر الخلابة والسماء الصافية.. فإنه يشعر بالراحة والطمأنينة ويحكم على المشهد بأنه ذو طابع مفرح.

رابعا: القيم الجمالية:

إن المنظر المسرحي بحاجة ماسة للمسات الفنية والجمالية التي تبعث في نفس المشاهد الارتياح والتذوق الجمالي، ولكن يجب عدم المغالاة في التكلف والإبهار الزائف والألوان المتعددة لأن ذلك يشغل المشاهد في تفاصيلة عن متابعة الاحداث.

فالديكور ليس هدفا بحد ذاته، وإنما هو عنصر مساعد على إبراز المعاني والقيم المختلفة الموجودة في العرض المسرحي [1].

خامسا: وسيط الاخراج:

تعتبر هذه الوظيفة من أهم وظائف الديكور التي تخدم الاخراج المسرحي بكل عناصره، ويجب توظيف الديكور جيدا لكي يحقق عدة أهداف رئيسية هامة، منها:

أ- الايحاء بالواقعية المسرحية.

ب- يعطي مساحات كبرى للحركة ووضع الأثاث والمناظر.

جـ- يساعد المخرج على عمل تشكيلات جماعية وفردية جميلة ومؤثرة.

مكونات الديكور المسرحي:

1- الشاسيهات:

وهو عبارة عن برواز من الخشب يشد عليه القماش من جهة واحدة أو جهتين. ويتم الرسم على القماش حسب الهدف المراد تحقيقه، ويمكن تكوين المنظر المسرحي من عدة شاسيهات تركب مع بعضها البعض حسب حجم المنظر وشكله بواسطة مفصلات حديدية أو براغي مخصصة لذلك، ويمكن أن تتحرك على أرضية خشبية بحامل له عجلات.

2- اللوحات المرسومة:

وهي عبارة عن لوحة أو لوحات من القماش مرسوم عليها المنظر المراد استخدامه: منظر غابة، منظر صحراوي، جبال، سماء[1]. وقد تحتوي هذه اللوحات على مناظر داخلية أو خارجية.

(1) انظر – شكري عبد الوهاب، الادارة المسرحية (دراسات تحليلية لوظيفة مدير المسرح والحرفية المسرحية)، المكتب العربي

3- المستويات المرتفعة:

وهو عبارة عن مسطحات ذات قياسات مختلفة نرفع بها جزءا من خشبة المسرح تبعا لأهداف مختلفة يراها المخرج من خلال استخدامها.

4- المجسمات:

وهي مجسمات الصخور أو الأشجار..

وتصنع في العادة من الأخشاب أو الأسلاك أو الأقمشة أو الخيش أو الجبس.. ويتم تشكيلها حسب الشكل المطلوب, ويمكن استخدام أية خامات أخرى تساعدنا على تكوين الشكل المراد تجسيمه,ومن هذه الخامات: الاسفنج، الألمنيوم، الكرتون، الشمع، الفلين, وغيرها, وبشكل عام يجب مراعاة خفة الوزن وسهولة الحركة والمتانة أثناء تصنيع قطع الديكور المختلفة.

مميزات المنظر المسرحي:

1- أن يكون المنظر قابلا للتقسيم إلى وحدات مختلفة.

2- أن يكون خفيف الوزن لكي يسهل حمله.

3- أن يكون سهل التركيب والفك لسرعة التغير.

أنواع المناظر:

يتوقف تنفيذ المنظر المسرحي على أسلوب مصمم الديكور وفلسفته الخاصة لحاجة النص بالتنسيق مع المخرج.

وبشكل عام تنقسم المناظر المسرحية إلى نوعين من حيث المكان:

أ- المنظر الخارجي:

وهو: جميع المناظر التي تكون خارج الغرفة.

ب- المنظر الداخلي:

وهو: جميع المناظر التي تكون داخل الغرفة.

مواصفات الديكور المسرحي المناسب للمسرحيات المدرسية:

1- أن يكون الديكور مناسبا لجو المسرحية ومعبرا عن أفكارها ومعانيها ببساطة ودون تعقيد.

2- أن يكون واقعيا مع إمكانية استخدام الاسلوب الرمزي في بعض الديكورات المطلوبة.

3- أن يكون جذابا ذا ألوان جميلة مبهرة مع ملاحظة عدم المغالاة في الابهار لكي لا ينشغل المشاهدون به عن متابعة أحداث المسرحية.

4- أن يكون متناسبا مع حركة الطلاب على خشبة المسرح وأماكن دخولهم وخروجهم ومساحة الخشبة المتاحة.

5- أن يكون متناسبا مع الإضاءة المسرحية من حيث الألوان المستخدمة فيه والمكان المناسب له.

6- أن يكون مرئيا من قبل المشاهدين بكل سهولة ويسر.

ب- تصميم الاضاءة المسرحية:

يقول "بلانسهايم": (أن الضوء عبارة عن صورة من صور الطاقة ينتقل عن طريق الاشعاع)[1]، حيث تبلغ سرعة الضوء نحو (186000) ميل/ الثانية الواحدة.

وتلعب الاضاءة دورا هاما في العروض المسرحية حيث أن لها تأثيراتها ومعانيها عند سقوطها على كل الأجسام والألوان، ومصمم الإضاءة يحتاج إلى خبرة كافية ودراسة مستفيضة عند عملية تصميمها للعروض المسرحية، بحيث يراعي كثافة الضوء واختيار لونه المناسب لإيصال المعنى المطلوب والإيحاء بجو المسرحية.

ومن أهداف الإضاءة في المسرح:

1- التعبير عن الزمان (ليلا، نهارا).
2- التعبير عن المكان[2] (حديقة، منزل...).
3- التعبير عن الجو النفسي للشخصيات (مؤامرة، حزن، حب، ظلم، فرح...).
4- ابهار المتفرجين ولفت انظارهم وتحريك مشاعرهم وعواطفهم.
5- ابراز الحجم والمسافة.
6- الايهام بالحركة.
7- تأكيد حدود الاشياء[3].

---

[1] شكري عبد الوهاب، الاضاءة المسرحية، مطابع الهيئة المصرية العامة للكتاب، مصر، 1985, ص 49, (وسيشار اليه لاحقا بـ: شكري عبد الوهاب، الاضاءة المسرحية).

[2] عقيل مهدي يوسف, التربية المسرحية في المدارس, ص59.

[3] [illegible]

والإضاءة تمنح التصميم الفني العام والصورة المسرحية، الشخصية المتميزة من خلال التنوع في الالوان ودرجاتها، وللإضاءة عدة خصائص تستطيع من خلالها التأثير على الصورة المسرحية وعلى نفوس المشاهدين لها.

ومن هذه الخصائص: (القيمة التي تؤديها في المستوى العام لإضاءة المشهد المسرحي، والنوعية التي تتمثل في درجة التنوير السائد، والإتجاة الذي يتمثل في تسليط الضوء على هدف معين، والدرجة التي تحدد تركيز الضوء)[1].

وتلعب الإضاءة كذلك دورا هاما ومتفاعلا مع عناصر العرض المسرحي الأخرى مثل: الملابس، المكياج، الديكور، المشاهدين.

علاقة اللون بالضوء:

هناك علاقة ارتباط قوية بين اللون والضوء، ففي حياتنا اليومية مثلا نجد أن اللون المرئي تحت ضوء الشمس يختلف عنه في الظل. لذلك فان الضوء هو (الاثر الطبيعي أو الصناعي الذي يصل إلى العين على هيئة اشعاعات منعكسة عن اجسام مضيئة حتى يصل إلى شبكية العين لتتكون بعدها الصورة المرئية للجسم)[2].

وخصائص الضوء هي: طول الموجة، شدتها و تركيبها، أما اللون فهو احساس ذلك التأثير الفسيولوجي الناتج على شبكية العين.

[1] نبيل راغب، فن العرض المسرحي، ص203.

وتلعب الاضاءة دورا هاما في تأكيد الأشكال على المسرح وإظهار أبعادها الثلاثة، والعمل على الإيهام بالزمان والمكان، وخلق الجو الدرامي من خلال التحكم في كثافة وكمية الضوء واللون، وبالتالي تحقيق التكوين الفني للعرض المسرحي.

دلالات الألوان:

- الألوان الفاتحة: تعطي إحساسا بالهدوء وإتساع المكان.
- الألوان القاتمة: تعطي إحساسا بضيق المكان والكآبة والملل والرتابة والحزن والروتين.
- اللون الاحمر: يدل على العنف، الحب، النار، الدم، الجنس.
- اللون البرتقالي: يدل على الدف والإثارة، الحصاد، الخريف، القناعة....
- اللون الأزرق: يدل على الخيال، الأحلام، الامل، الثبات، الذكاء، الحكمة....
- اللون الأبيض: يدل على البراءة، الفرح، الوضوح، السلام...
- اللون البنفسجي: يدل على الأنانية، حب الذات، الحزن، الحكمة...
- اللون الأسود: يدل على الحزن، الموت، الندم، الكآبة، التوبة، التقشف...
- اللون الأخضر: يدل على النقاء، الحياة، الشباب، النماء.
- اللون الأصفر: يدل على الغيرة، والحب، الجبن، الانحطاط...
- اللون الرمادي: يدل على الوضوح، الوداعة، الوقار...
- اللون البني: يدل على الخريف، القذارة، السعاده[1].

---

(1)

جـ- الملابس المسرحية:

عرفت الملابس قديما لستر الجسم وحمايته من تقلبات الجو والبيئة المحيطة بالإنسان مثل الرياح والأمطار والثلوج وأشعة الشمس الحارة.

وقد عرفت الملابس قديما في العروض المسرحية، حيث كان الممثلون يلبسون الملابس التي تدل على شخصياتهم المسرحية.

فالملابس تقوم مقام الشخصية وتعتبر مؤشرا معادلا لها، وتدل على المناخ والبعد النفسي والاجتماعي لها.

وفي أيام اليونان كان الممثلون يلبسون جلود الماعز أثناء الإنشاد لاغاني (الديثرامب) وهذا احد التفسيرات التي تفيد بأن التراجيديا تتألف من كلمتين تصبحان بعد التركيب بمعنى الأغاني العنزية[1].

وقد عرف الرومان الملابس المسرحية في عروضهم المسرحية. وفي مسرح (الكابوكي) الياباني يقوم الرجال بدور النساء ويلبسون لباسها، حيث تكون ملابسهم من الأنواع الفاخرة المبهرة[2].

وقد عرف العرب أيام الجاهلية الملابس الخاصة بالطقوس الاحتفالية (الاستسقاء، المنافرات، الحج والطواف بالبيت)، وفي صدر الإسلام استخدمت الملابس عند المغنيين والمحمقين والملهين.

وقد ورد أن (جميلة المغنية) التي كانت تعيش في المدينة المنورة خلال القرن الأول الهجري جلست يوما للغناء ولبست برنسا وألبست من كان

---

[1] انظر – علي عقله عرسان، الظواهر المسرحية عند العرب، ص19.

عندها برانس، ثم قامت ورقصت، وضربت بالعود وعلى رأسها البرنس الطويل، وعلى عاتقها بردة يمانية، وعلى القوم مثلها، ثم دعت بثياب مصبغة ووفرة من شعر فوضعتها على رأسها ودعت للقوم بمثل ذلك فلبسوا)[1].

وقد استخدم الحكواتي العربي الملابس الخاصة في العصر العباسي، التي تدل على الشخصية التي ينوي محاكاتها، وكان دائما يحتفظ بمجموعة من الملابس اللازمة لحكايته[2].

وفي الوقت الحاضر نلاحظ أنا احيانا نتعرف على المهن المختلفة والجنسيات المختلفة من خلال الملابس الخاصة بكل مهنة وطبقة اجتماعية وبلد معين.

وفي مجال المسرح: تساعد الملابس في تجسيد الشخصيات المسرحية والدلالة على حالة الشخصية: الاجتماعية والنفسية والثقافية.

وفي العروض المسرحية التي تحتاج إلى تصميم صورة مسرحية مبهرة ومؤثرة في المشاهدين تلعب الملابس دورا هاما خصوصا عندما يكون هناك عدم تركيز على المناظر.

وفي العروض المسرحية التي تعتمد على الابهار البصري يصبح من الضروري التركيز على الملابس كجزء هام من التكوين المسرحي العام.

ويعتمد تصميم الملابس على ثلاثة عناصر هي: (اسلوب التصميم والحركة والممثل).

---

[1] انظر- نفس المصدر السابق، ص72.
[2]

وأسلوب التصميم في أي عرض مسرحي يعتمد على:

أ- مضمون المسرحية.

ب- نظرة المسرحية لقيمة الحياة.

ج- عصر المسرحية.

وللملابس علاقة وثيقة مع الاكسسوارات والحلي والاقنعة كونها جزءا منها.

أما علاقة الملابس بالحركة المسرحية: فان الملابس يجب أن تلبي جميع متطلبات حركة الممثل (الجلوس، الانحناء، الشجار، الرقص، المبارزة...), وكذلك يجب أن تكون الملابس جميلة ومتناسقة مع باقي عناصر العرض المسرحي الأخرى. ومن الضروري أن يتم تغير الملابس في اقل وقت ممكن بين المشاهد والفصول.

وعلى مصمم الملابس أن يراعي ارتياح الممثل بالملابس التي يرتديها بغض النظر عن ملائمتها للشخصية ا لتي يؤديها.

والملابس المسرحية كجزء من العرض المسرحي ترتبط ارتباطا وثيقا بباقي عناصر الصورة المسرحية[1].

ويطرح سؤال في هذا المجال: هل يمكن عمل عرض مسرحي مدرسي دون ملابس؟

وللإجابة على هذا السؤال نقول: نعم, يمكن تجهيز عرض مسرحي مدرسي بدون ملابس, ولكن سيكون تأثيره في المشاهدين أقل بكثير من تأثيره

(1)

حينما يستخدم فيه الملابس لجميع الشخصيات المسرحية. والمشرف المسرحي يختار الملابس المناسبة لكل شخصية من شخصيات المسرحية بالاشتراك مع مصمم الملابس الذي يفترض فيه أن يكون عالما بالأزياء المسرحية عبر العصور المختلفة وتصميمها.

وفي المسرح المدرسي يمكن استخدام الملابس البسيطة التي تدل على الشخصيات المختلفة بدون التركيز على جمالها ودقة تفاصيلها حيث أن المهم هنا استخدامها لتحقيق الهدف المطلوب منها في العرض المسرحي.

د. المكياج المسرحي:

إن كلمة مكياج هي كلمة أجنبية تقابلها بالعربية: (فنية التنكر أو التمويه)[1] ويمكن تقسيمها إلى عدة أنواع:

- التجميل: وهو اعطاء الممثل شكلا حسنا عن طريق إخفاء العيوب.

- التعجيز (التكبير): وهو إعطاء الممثل كبرا في السن.

والغرض الرئيسي من المكياج المسرحي هو إظهار شخص الممثل ملائما للشخصية التي يمثلها، ويستطيع المكياج ربط الممثل مع شخصيته إذا تم تصميمه بطريقة صحيحة، وعلى العكس من ذلك يمكن أن يشوهها إذا لم يستخدم الاستخدام الصحيح، فالمكياج لا يخلق الشخصية إنما يساعد على إبرازها[2].

[1] انظر- علي عقله عرسان، الظواهر المسرحية عند العرب، ص73.
[2] انظر – ريتشارد كورسون، ترجمة امين سلامه، فن الماكياج (السينما والمسرح والتلفزيون)، دار الفكر العربي، ط1، مصر،

وقد عرف اليونان والرومان هذا الفن من خلال الأقنعة التي كان يلبسها الممثلون لتغيير ملامح الوجه في مسرحياتهم، وفي بدايات العصر الإسلامي كان المغنون والمندرون والحكواتية يستخدمون هذا الفن بطريقته المبسطة.

وقد ورد (أن المحاكين كانوا يتبخرون بالزيت والكمون لتصفر منهم الوجوه، ومنهم من يمسك معه ما إذا شمه سال دمعه)[1].

ان بعد المسافة بين الممثلين على خشبة المسرح والمشاهدين في الصالة يجعل من الصعوبة رؤية ملامح الوجه وتعبيراته المختلفة وانفعالاته، ولذلك فإن استخدام الإضاءة في العروض المسرحية تجعل ألوان وجوه الممثلين تميل إلى الألوان الفاتحة مما يغير ألوانها الحقيقية، وبذلك يصبح من الضروري استخدام فن المكياج المسرحي (التنكر) لإبراز تعبيرات وجوه الممثلين وانفعالاتهم وملامح شخصياتهم التي يمثلونها[2].

ويعمل المكياج على: إبراز وتوضيح لملامح وصفات الشخصية المسرحية من خلال إضافة بعض المواد المختلفة على وجه الممثل أو إحدى أعضاء جسمه أو إزالة بعض الأعضاء أو الإضافة إليها حسب طبيعة تلك الشخصية والرؤية الاخراجية التي يود المخرج إظهارها للمشاهدين.

فقد يلجأ المخرج المسرحي إلى المبالغة في المكياج لإحدى الشخصيات وذلك لإبراز صفات تلك الشخصية السلبية أو الإيجابية وتأكيدها.

[1] انظر – شوكت عبد الكريم البياتي، تطور فن الحكواتي في التراث العربي، ص58.

ويسمى الشخص الذي يقوم بعملية المكياج بـ "الماكيير" أو "مصمم المكياج"، وهو يعتمد على عدة عوامل أثناء دراسته للشخصيات المسرحية التي ينوي عمل المكياج لها، ومن هذه العوامل: الوراثة، الجنس، البيئة، الصحة، المزاج، العمر [1].

خطوات عملية المكياج المسرحي:

1- خلع الطالب (الممثل) لثيابه الأصلية وارتداء ملابس الشخصية التي يمثلها.

2- غسل الوجه بالماء والصابون ثم تجفيفه بقماش نظيف لكي لا يغطي الوجه بالمكياج وهو يحتوي على الغبار والعرق والميكروبات.

3- وضع طبقة من الزيت أو (الفازلين) على الوجه قبل عملية المكياج لكي لا يترك المكياج آثارا سلبية على الوجه.

4- وضع طبقة من صباغ الاساس الذي يكون لونه مشابها للون البشرة للشخصية التي سيمثلها الممثل، وكذلك طلاء الرقبة واليدين وأي منطقة من جسم الممثل يراها الجمهور.

5- وضع أي مواد تنكرية أو إضافة صفات جديدة لبعض أجزاء جسم الممثل مثل الحروق، الصلع، أو المبالغة في الأنف أو الفم أو الاسنان...

6- تظليل ما حول الباروكة أو الأنف أو الخد والعينين بخفه لإعطاء الإحساس بطبيعتها كجزء من وجه الممثل ولكي لا يلاحظ المشاهدون أن هذه الاضافات زائدة ولا تؤدي أغراضها التي وجدت من أجلها.

7- التعرف على ملامح الشيخوخة من خلال تقطيب الحواجب وتحديد الأماكن الغائرة إذا أردنا عمل مكياج لشخصية كبيرة في السن.

8- عند تركيب الشارب أو الذقن فإنه من الضروري تنظيف المنطقة جيدا ثم يوضع لاصق ونتركه لعدة ثوان، ثم يتم بعد ذلك تركيب الشارب أو الذقن جيدا والتأكد من لصقه حتى لا يسقط أثناء عملية التمثيل.

ويمكن رسم الشارب أو الذقن بالقلم الخاص لهذا الغرض على وجه الممثل وذلك لتفادي عملية سقوطه أو سقوط بعض أجزاءه.

9- وضع أية إضافة أو لمسات معينة للشخصيات[1].

ويفضل أن يرى الممثل نفسه في المرآة لكي تظل صورة الشخصية التي يمثلها عالقة في ذهنه أثناء عملية التمثيل مما يساعده ذلك على الإندماج في شخصيته وأدائها على أحسن وجه. (للمزيد انظر الملحق الخاص بالمكياج المسرحي).

هـ- المؤثرات الصوتية:

يقال في تعريف الصوت انه: (هواء يتموج بتصادم جسمين، وصوت الإنسان ينتج من خلال تموج الهواء الخارج من الجوف أثناء عملية الزفير بعد اصطدامه بالأوتار الصوتية في الحنجرة أثناء اندفاعه بفعل الرئتين)[2].

ويسهم الصوت في التواصل بين الناس على اختلاف أعمارهم ولغتهم, فقد يعرف شخص أن شخصا آخر بحاجة للمساعدة من خلال الأصوات التي

يخرجها، والتي تعبر عما يريد. والصوت عنصر رئيسي في دراما الطفل، حيث انه يعمل على التواصل بين الأطفال وينمي إحساسهم بالإيقاع، ويمكن عمل تمارين متعددة لتنمية حاسة السمع عندهم[1].

ويرى بيتر سليد: أن الآباء يجب أن يتركوا المجال لأطفالهم من اجل تأليف كلمات جديدة قد تكون شاذة، ولكنها دليل على اهتمام الطفل باللغة والتعبير الصوتي[2].

والطبقات الصوتية هي: الباص (القرار)، الباريتون، التينور، الألتو، السوبرانو، أما مناطق الصوت الإنساني فهي: الصدر والحنجرة والرأس[3].

وتعتبر المؤثرات الصوتية من العوامل المساعدة للحوار في العروض المسرحية المدرسية، وتعمل على وضع المستمع والمشاهد في جو نفسي يساعده على إدراك الأحداث المختلفة وتخيلها والإحساس بها، إذا تم توظيفها جيدا[4].

وتكون المؤثرات الصوتية على عدة أشكال, منها:

1- بشرية: مثل الصرخات، النداء...

2- طبيعية: مثل أصوات الرعد والمطر والأمواج...

3- صناعية: وهي تعد من قبل الإنسان للدلالة على أشياء مختلفة مثل صوت الرصاص أو إغلاق باب أو اصوات الالات الموسيقية...

---

[1] انظر - عبد المعطي نمر موسى واخرون، الدراما والمسرح في تعليم الطفل، ص86.
[2] انظر - بيتر سليد، مقدمة في دراما الطفل، ص21.
[3] انظر - عبد المعطي نمر موسى واخرون، الدراما والمسرح في تعليم الطفل، ص82- 83.
[4]

وتستخدم المؤثرات الصوتية في:

- تصوير الأحداث: مثل أصوات الشوارع أو القطارات أو الأمواج.
- الاشارة للزمان:

مثل دقات الساعة أو أصوات بعض الكائنات الحية الليلية أو صياح الديك أو أصوات العصافير.

- المساعدة على إيجاد جو نفسي معين مثل صوت نباح الكلاب الذي يعطي إحساسا بالرعب والخوف.
- إعطاء الملامح النفسية والاجتماعية لبعض الشخصيات مثل صوت عواء الذئب الذي يسبق وجود شخصية معينة للتعبير عن قوتها وجبروتها. ويمكن استخدام بعض المؤثرات الصوتية للدلالة على المواقف الدرامية المختلفة، مثل استخدام صوت الرياح القوية أو العواصف للدلالة على تأزم الأحداث، أو استخدام أصوات العصافير للدلالة على الهدوء والسكينة والرومانسية. لذلك. فإن المؤثرات الصوتية ذات أهمية كبيرة في مجال العروض المسرحية والتمثيليات الإذاعية.

و- المؤثرات المرئية:

وهي المؤثرات التي يراها الناس لإعطاء جو معين وحالة نفسية أو اجتماعية معينة تجعلهم يعيشون في ذلك الجو ويندمجون فيه[1].

وتستخدم هذه المؤثرات لعدة أغراض منها العروض المسرحية المدرسية، وهذا ما يهمنا في هذا المقام.

(1)

إن استخدام المؤثرات الصوتية والمرئية في العروض المسرحية في غاية الأهمية للإيحاء بالزمان والمكان وطبيعة الأحداث، كذلك تعمل للدلالة على طبيعة الشخصيات المسرحية وصفاتها، ووضع المستمعين والمشاهدين في جو الأحداث المسموعة والمرئية بحيث تجعلهم منسجمين معها ومتابعين لها.

ومن المهم استخدام المؤثرات الضرورية استخداما صحيحا مطابقا للأحداث الدرامية المراد التعبير عنها، ويراعى عدم المبالغة في استخدامها حتى تؤدي وتحقق الأهداف المرجوة منها.

الإدارة المسرحيـة:

الإدارة المسرحية هي: الجهاز الفني الذي يتكون من: مدير المسرح، الملقن، الماكيير، مسئول الاضاءة، مسئول الصوت، مسئول الاكسسوارات، مسئول الملابس، الفنيين (النجار، الحداد،..).

إن الإدارة المسرحية في الفرق المسرحية المحترفة تختلف عنها في الفرقة المسرحية المدرسية، حيث أن المدارس تخلو في غالب الأحيان من المتخصصين في المجالات الفنية المختلفة مما تجعل الأدوار المسرحية تحتوي فقط على بعض الطلاب أو المعلمين الراغبين في مساعدة المشرف المسرحي في المدرسة للقيام ببعض الأعمال الإدارية اللازمة للعرض المسرحي.

والمشرف المسرحي في المدرسية غالبا يستعين ببعض المعلمين أو الطلاب الذين لا يتقنون التمثيل المسرحي للقيام ببعض الأعمال الإدارية مثل فتح وإقفال الستارة، تغيير الديكور، ترتيب الديكور للمشاهد المختلفة، تجهيز الإضاءة والملابس والمكياج.

وهنا يتم تحقيق اهداف تربوية من خلال تنمية روح الجماعة بين العاملين في العرض المسرحي.

طاقم الادارة المسرحيـــة:

إن طاقم الإدارة المسرحية في غاية الأهمية لتنفيذ العروض المسرحية المختلفة، وفي المسرح المدرسي لسنا بحاجة إلى عدد كبير من طاقم الإدارة المسرحية، ويمكننا الاستعانة ببعض المعلمين المتعاونين وبعض الطلاب، ثم يتم تقسيم الأعمال الإدارية عليهم، ويمكن تنفيذ العروض المدرسية حسب الإمكانات المادية والبشرية المتاحة التي تحقق الأهداف المرجوة منها.

وسأورد هنا بعض المعلومات الخاصة بطاقم الإدارة المسرحية من أجل الاستفادة منها:

1. مدير المسرح:

إن مدير المسرح يقوم مقام المخرج أثناء غيابه فهو مخرج منفذ, وهو المسئول عن جميع ما يدور على خشبة المسرح, فهو حلقة الوصل بين المخرج وطواقم العمل الأخرى[1].

وفي المسارح المدرسية يمكن الاستعانة بأحد المعلمين للقيام بمهام مدير المسرح ومساعديه، وبالتالي نحقق أهدافا تربوية من خلال العمل الجماعي بين الطلاب وتقسيم الأعمال فيما بينهم، وبث روح العمل التكاملي والجماعي لتحقيق الأهداف المرجوة من إقامة العروض المسرحية المدرسية.

---

[1] انظر – شكري عبد الوهاب، الإدارة المسرحية، ص13.

2. الميكانيست:

وهو الشخص الذي يقوم بتركيب المناظر على خشبة المسرح وتغييرها وتخزينها.

3. مصمم الاضاءة:

ومن واجباته: التعرف على مكان العرض المسرحي, قراءة النص المسرحي, حضور التدريبات المسرحية, عمل لقاءات مع اطراف العمل (المخرج، مصمم الديكور، مصمم الملابس..), متابعة التدريبات الخاصة بالحركة المسرحية, تسجيل الملاحظات الخاصة بالاضاءة والالوان، وملاحظات الكاتب والمخرج, عمل مخطط للاضاءة على الورق، ثم عمل خطة إضاءة تنفيذية على الواقع أثناء التدريبات المسرحية.

4. فني المؤثرات الصوتية:

ومن مهامه: تسجيل تلك المؤثرات الموسيقية والصوتية على أشرطة خاصة حسب تسلسلها مع المواقف الدرامية المختلفة, اجراء التدريبات المختلفة على استخدام أجهزة الإذاعة والصوت وأشرطة التسجيل أثناء تنفيذ البروفات النهائية.

وفي المسرح المدرسي يمكن تسليم هذه المسئولية لأحد الطلاب بعد تدريبه على موعد إذاعة تلك المؤثرات وملائمتها للمواقف المختلفة في العرض المسرحي.

5. مصمم الملابس:

ومن مهامه: المعرفة الكاملة بالأزياء المسرحية وعصورها المختلفة, القدرة على تصميم الملابس المختلفة المناسبة للشخصيات المسرحية وأبعادها المختلفة في كل العصور, الاشراف على العمال المنفذين لتلك الملابس, القيام بإلباس الممثلين ملابسهم أثناء العروض المسرحية, إصلاح الملابس التي يتم إتلافها في بعض العروض المسرحية وتجهيزها[1].

6. مسئول الاكسسوار:

وهو الشخص المسئول عن تجهيز الأدوات الضرورية التي يحتاجها الممثلون أثناء عروضهم المسرحية.

ومن مهامه: تحضير جميع الإكسسوارات اللازمة للعروض المسرحية, مساعدة الممثلين على كيفية استعمال هذه الإكسسوارات, والاحتفاظ بها بعد نهاية العرض وتخزينها[2].

7. مصمم المكياج (الماكيير):

وهو الشخص الذي يقوم بإجراء التغييرات على وجوه الممثلين.

ومن مهامه: التنسيق مع المخرج حول الشخصيات المطلوب عمل المكياج لها ومواصفاتها, المعرفة التامة بفن المكياج وأهميته وأهدافه, تنفيذ مكياج الشخصيات المسرحية بعد الاتفاق مع المخرج حول ذلك, مراقبة مكياج الشخصيات أثناء العرض والقيام بإصلاح ما فسد منه نتيجة أي ظروف

---

[1] لقد سبق أن تطرقت لموضوع الملابس المسرحية.

طارئة، وتغيير المكياج اللازم تبعا للأحداث الدرامية في العرض المسرحي [1].

8. الملقـن:

وهو الشخص الذي يقوم بتذكير الممثلين الذين يتعثرون في حفظ أدوارهم بالجمل اللازمة في حوارهم. ويكون مكانه غالبا تحت خشبة المسرح, أو في الكواليس.

ومن مهامه: الاحتفاظ بنسخة خاصة من النص المسرحي تحتوي على الحوار والاشارات الخاصة بالممثلين, تلقين الممثلين وتذكيرهم بالجمل المسرحية التي يقولونها ويكون ذلك بصوت منخفض بحيث يسمعه الممثلون وبعض المشاهدين الذين يجلسون بالقرب من مقدمة خشبة المسرح فقط [2].

9. مسؤول الستارة:

وهو الشخص الذي يقوم بفتح وإقفال الستار الأمامي والستائر الخلفية في الوقت المناسب, ومن مهامه كذلك: إجراء الإصلاحات اللازمة لبعض الستائر إذا تعطلت أثناء العرض المسرحي.

---

[1] لقد سبق أن تحدثت بإسهاب عن المكياج المسرحي.
[2]

الخـاتـمـة

الخاتمـــة

وقبل أن أنهي هذا الكتاب، لا بد من الإشارة أولا إلى أن هناك بعض الملاحق المتعلقة ببعض مواضيع الكتاب, بعد هذه الخاتمة, راجيا الاطلاع عليها , وتزويدي بالتغذية الراجعة عنها, حتى تتم الاستفادة.

لم يعد خافيا على أحد أهمية الفن المسرحي ودوره الريادي في التأثير التربوي والاجتماعي والأخلاقي للمجتمعات البشرية إن وظف لذلك، ومهما يكن، سيظل هذا الفن الجماهيري يحتفظ بخصوصيته التي تميزه عن سائر الفنون الأخرى.

والتحدي الذي ينتظر المؤسسات القائمة على الثقافة والتعليم، والمهتمة بثقافة وتعليم الطفل هو كيفية خلق الفرد الواعي، المنتمي لثقافته العربية الإسلامية بكل ما تحمله من أصالة وعراقة.

وهنا، يبرز دور التخطيط السليم لثقافة الفرد منذ نعومة اظفاره، بحيث تراعى هذه البرامج والخطط الثقافية الموجهة للطفل مراحل نموه الجسمي والعقلي، وتلبي رغباته وميوله، وتؤثر في مشاعره وسلوكه، وبالتالي تكون قادرة على خلق الاتزان النفسي والجسمي والعقلي لديه.

ويظل الطفل متلقيا لثقافته الموجهة, يكبر معها شيئا فشيئا، فكلما نما وتطور، توسعت ثقافته، وزادت معارفه، وتكونت شخصيته.

ومسؤولية ذلك كله، ملقاة على عاتق وزارات الثقافة، والتربية والتعليم، والمؤسسات الفنية والتربوية والثقافية الأخرى.

وتتجه الأنظار في الوقت الحاضر إلى دراما الطفل التعليمية والمسرح التعليمي، بأشكاله، وأساليبه المتعددة، المنسجمة مع ثقافتنا العربية الإسلامية، وتراثنا الأصيل, لخلق الهوية المتميزة للطفل العربي، الذي سيصبح قائدا تربويا للأجيال اللاحقة فيما بعد.

والباب مفتوح على مصراعيه للباحثين والدارسين والتربويين, فها هي ثقافتنا الإسلامية والعربية تمد يدها لنا، لنأخذ من عطائها الزاخر، وها هو تراثنا وتاريخنا العربي الأصيل، يدعونا لننهل منه، وها هي النافذة المطلة على معارف غيرنا، مفتوحة، لنطل منها على كل جديد، بما يتلاءم مع ديننا الإسلامي الحنيف، وثقافتنا العربية، لتشكيل المنظومة الثقافية والفكرية والتربوية والأخلاقية، للناشئة من مجتمعنا العربي الكبير.

و اللـه تعالى أسأل، أن يتحقق حلم الكثيرين من أبناء هذه الأمة العربية، في خلق الهوية العربية المتميزة للمسرح العربي.

الملاحـــق

الملاحـــق

* أمثلة تطبيقية على استخدام بعض وسائل الدراما التعليمية لتدريس الصفوف الثلاثة الأساسية الأولى.

* أمثلة تطبيقية على بعض التمارين والتدريبات على الصوت والإلقاء والتمارين الجسدية.

* مثال تطبيقي على مسرحة أحد دروس مادة العلوم (المحاكمة- أعضاء الجهاز الهضمي ووظائفها).

* مثال تطبيقي على النص المسرحي المناسب للمرحلة الأساسية الدنيا (مسرحية: التعاون).

* مثال تطبيقي على النص المسرحي المناسب للمرحلة الأساسية العليا (مسرحية: ذكاء القاضي).

* مثال تطبيقي على النص المسرحي المناسب للمرحلة الثانوية (مسرحية: وامعتصماه!).

* أمثلة على وصف بعض الأزياء التاريخية لبعض العصور المختلفة.

* أمثلة على كيفية عمل المكياج لبعض الشخصيات المسرحية.

* أمثلة تطبيقية على كيفية تنفيذ بعض المؤثرات الصوتية.

* أمثلة تطبيقية على كيفية تنفيذ بعض المؤثرات المرئية.

أمثلة تطبيقية

على استخدام بعض وسائل الدراما التعليمية
لتدريس الصفوف الثلاثة الأساسية الأولى[1]

وهنا لابد من ملاحظة ما يلي:

1. استخدام الاستراتيجية المناسبة لموضوع الدرس.

2. مراعاة الزمن الذي يحتاجه تنفيذ هذه الاساليب.

3. التنوع في استخدام هذه الاساليب، لتحقيق الأثر في نفوس الطلاب، والمحافظة على تواصلهم ومشاركتهم بها.

4. التحضير المسبق قبل استخدام هذه الاساليب والتركيز دائما على أهمية مشاركة الطالب فيها.

المثــال الأول:

❖ **موضوع الدرس:** نظافة الشارع.

❖ **الزمن:** حصة واحدة.

❖ **الأهداف المقترحة:**

يتوقع من الطالب بعد دراسته لهذه الحصة أن :

- يتعرف على أهمية النظافة في حياته بشكل عام وفي الشارع بشكل خاص.

---

[1] أعدت هذه الأمثلة المنوعة من عناوين عامة لدروس تبقى مضامينها صالحة كأمثلة على استخدام الـدراما التعليمية في

- يتعرف على السلوكيات الإيجابية التي يجب أن يسلكها في حياته اليومية للمحافظة على النظافة.

- ينمّى لديه حب المحافظة على النظافة في كل مكان يكون فيه.

❖ المواد المستخدمة في الدرس:

● مكنسة يدوية.

● فرشاة أسنان.

● سلة مهملات.

● أوراق ممزقة ومهملات متنوعة.

● أقلام وأوراق بيضاء.

● كاميرا تصوير فوتوغرافي.

❖ الاساليب المستخدمة في الدرس:

1. الألعاب والتمارين.
2. الإيقاع والحركة الإبداعية.
3. الارتجال.
4. الإيماء.
5. لعب الأدوار.
6. المعلم في دور.
7. دور الخبير.

❖ **إستراتيجية الألعاب والتمارين:**

يطلب المعلم من الطلاب، القيام بتشكيل دائرة، ثم يقوم بإعطائهم تمرين حركي للإحماء والتهيئة للدرس.

ومثال ذلك: يمكن القيام باللعبة الشعبية (رن رن يا جرس) أو يقوم المعلم بتعيين أحد الطلاب للركض وراء زملائه الآخرين من اجل لمسهم, والطالب الذي يُلمس يبقى ساكناً على هيئته.

فهذا التمرين يعطي المتعة للطلاب، وفي نفس الوقت يعمل على تنشيطهم وتهيئتهم للدرس.

ويمكن عمل تمرين يساعد على ثقة الطالب بزملائه الآخرين, حيث يتم وضع عصابة على عينيّ أحد التلاميذ، ثم يقوم طالب آخر بعملية إرشاده للمشي وراء صوت قرع الجرس.

❖ **إستراتيجية الإيقاع والحركة الإبداعية:**

يطلب المعلم من الطلاب تشكيل دائرة أثناء جلوسهم، ثم يقوم بشرح التمرين الذي يقوم على تعيين طالب للبدء في التمرين، عن طريق ابتكار إيقاع صوتي معين من خلال التصفيق بيديه، ثم يقوم باقي الطلاب بإعادة هذا الإيقاع، ثم يبدأ طالب آخر بابتكار إيقاع جديد، وهكذا.

وهذا التمرين يساعد الطلاب على الابتكار والإبداع والارتجال، بالإضافة إلى التركيز.

❖ **إستراتيجية الإيماء:**

يختار المعلم أحد الطلاب للقيام بدور الطالب النظيف في البيت والشارع ايمائياً، حيث يقوم المعلم بإعطاء الطالب السيناريو المعّد لهذه الغاية.

ويمكن للمعلم أن يقترح هذا السيناريو: يصحو الطالب من فراشه مبكرا ، ثم يقوم بترتيب فراشه، وتنظيف غرفته. ثم يقوم بالذهاب إلى المغسلة لكي يغسل وجهه ويمشط شعره، ثم يلبس ملابس المدرسة، ثم يتناول طعام الفطور أو يأخذ السندويشات المجهزة له, (مع ملاحظة القيام بتنظيف أسنانه إذا تناول الفطور).

وبعد خروج الطالب من البيت، وأثناء سيره في الشارع، يمكن أن يجد بعض المهملات الملقاة في الشارع، فيقوم بوضعها في حاوية المهملات الموجودة في الشارع. وقد يجد هذا الطالب رجلاً مسناً فيساعده على عبور الشارع.

وبعد وصوله إلى الصف: يمكن لهذا الطالب أن يمارس بعض السلوكات التي تدلّ على انه طالب نظيف، كأن يقوم بجمع بعض النفايات والأوراق ووضعها في سلة المهملات، أو القيام بمسح بعض العبارات المكتوبة على السبورة أو الجدران، ثم يجلس على مقعده لانتظار المعلم (وقد يقوم المعلم بتعيين طالب اخر للقيام بدور الطالب المُهمل الذي لايهتم بالنظافة). عن طريق الايماء.

❖ **استراتيجية لعب الادوار واستراتيجية الارتجال:**

يقوم المعلم بإختيار ثلاثة طلاب، ويقوم بتقسيم الادوار عليهم.

احدهم طالب مُهمل ولا يحب النظافة، وطالب آخر يحافظ على النظافة، وطالب ثالث في لجنة المحافظة على النظافة.

ثم يقوم المعلم بافهام كل طالب طبيعة دوره الذي سيمثله ارتجالياً (حركة وصوت).

سوف يقوم الطالب غير النظيف بسلوكات سلبية: مثل رمي الاوساخ والمهملات، والكتابة على الجدران وعلى السبورة.

ونجد سلوكات الطالب النظيف الذي يحافظ على النظافة، ويرمي الاوراق والاوساخ في سلة المهملات ويقوم بتنظيف السبورة والجدران من الكتابة.

يراقب الطالب المشارك في لجنة النظافة، هذه السلوكيات للطالبين الآخرين، ثم يدور حوار ونقاش بين الطالب المهمل والطاليين الآخرين حول اهمية المحافظة على النظافة في البيت والشارع والمدرسة، وفي كل مكان.

(هذا التمرين يساعد الطلاب على القيام بتمثيل الادوار والارتجال الحركي واللغوي).

❖ **استراتيجية المعلم في دور:**

يمثل المعلم دور مراقب النظافة في الشارع، ثم يختار عدد من الطلاب للقيام بدور الطلاب المهملين الذين لا يحافظون على النظافة.

يقوم المعلم بإفهام الطلاب ما يريده منهم في التمثيل لأدوارهم أثناء سيرهم في الشارع.

ويمكن أن تقترح هذا السيناريو: عدد من الطلاب يمشون في الشارع، يأكلون الشيبس ويشربون العصير، ومعهم مجموعة من الاوراق والكتب. بعد أن يفرغوامن الاكل والشرب، يقومون برمي المخلفات في الشارع، بالرغم من وجود اللافتات التي تحظهم للمحافظة على النظافة، ووجود حاويات المهملات.

يشاهدهم مراقب النظافة، ثم يقوم حوار ونقاش بينهم، يبين لهم مراقب النظافة اهمية رمي المخلفات في الأماكن المخصصة لها، واهمية المحافظة على نظافة الشارع دائما.

(وبعد انتهاء التمرين يمكن للمعلم أن يسأل باقي الطلاب مجموعة من الاسئلة بصفته كذلك مراقبا للنظافة).

❖ **استراتيجية دور الخبير:**

يمكن للمعلم أن يمثل دور الخبير في مجال الاستفادة من النفايات والمحافظة على البيئة يطلب المعلم (الخبير) من الطلاب أن يطرحوا اسئلتهم عليه بصفته خبيراً في مجال البيئة، والاستفادة من النفايات (يمكن للمعلم تعيين طالبين للقيام بدور صحفيين وطلاب آخرين للتصوير الفوتوغرافي وتصوير الفيديو).

يُعطي المعلم (الخبير) مقدمة عن عمله، وعن اهمية المحافظة على النظافة ورمي المخلفات والنفايات في الأماكن المخصصة لها، لانه يمكن الاستفادة منها عملياً دون الاضرار بالبيئة المحيطة بنا.

- يقوم الطلاب بطرح الاسئلة على المعلم (الخبير) ويمكن للطالبين (الصحفيين) طرح الاسئلة كذلك:

- ما هي اهمية النظافة؟

- ما هو ضرر النفايات على البيئة؟

- لو قمنا برمي النفايات في البحر. ما هو الضرر على الكائنات البحرية؟

- لو قمنا برميها في الصحراء. ما هو ضررها على البيئة؟

- أين اذاً يمكننا رمي النفايات بعد جمعها في الحاويات؟

- لو قام عمال النظافة بإضراب عن العمل لمدة اسبوع ماذا سوف يحدث؟

- لو لم تقم ربة البيت بنظافة المنزل لمدة ثلاثة ايام ماذا سيحدث؟

وبعد الاجابة على هذه الاسئلة، سيكون بالإمكان فهم الدرس جيداً من قبل الطلاب، باسلوب محبب عندهم، وبعد اكمال هذه الاستراتيجية. يطلب المعلم (الخبير) من الطلاب (الصحفيين والمهتمين في مجال البيئة والنظافة) إنهاء المقابلة بسبب ارتباطاته، وبذلك يعود المعلم إلى دوره كمعلم وينهي الدرس بطريقته الخاصة.

المثـــال الثانـــي:

❖ **موضوع الدرس:** الشمس.

❖ **الزمن:** حصتان.

❖ **الأهداف:**

يتوقع من الطالب بعد دراسته لهذه الحصة أن:

- يتعرف على الشمس وفوائدها للإنسان والنبات والحيوان.

- يتعرف على دور الشمس في الليل والنهار، والضوء والظل والوقت.

- ينمي لديه الإحساس بقدرة الخالق عَزَّوَجَلّ وآياته في الطبيعة المحيطة بنا.

- يتحسس جمال الطبيعة تحت أشعة الشمس.

❖ **المواد والأدوات اللازمة للدرس:**

كرتون مقوى، ألوان، أقلام تخطيط ملونة، صورمن الطبيعة لبعض النباتات والحيوانات، صورة للشمس.

❖ **الاساليب المستخدمة في الدرس:**

المعلم في دور.

يقوم المعلم بعمل تصميم فني للشمس عن طريق الرسم، أو إحضار صورة لها، حيث يضع هذه الصورة على صدره لتدل على انه يمثل شخصية الشمس، ثم يبدأ الدرس.

المعلم (الشمس): السلام عليكم يا أحبائي، في هذا الكون.

تعلمون بان اللـه تعالى خلق هذه الأرض المكونة من اليابسة والماء. (يمكن أن يطرح بعض الأسئلة) مم تتكون الأرض إذن؟ (ينتظر إجابة الطلاب). نعم أنها تتكون من الماء واليابسة.

وانتم يا أعزائي تعيشون على هذه اليابسة. أليس كذلك ؟؟

وأنا أحد هذه المخلوقات الموجودة في الكون. وقد قال تعالى : (**تبارك الذي جعل في السماء بروجاً وجعل فيها سراجاً وقمراً منيراً**)- [سورة الفرقان، اية رقم60].

سبحان اللـه تعالى. رددوا معي: سبحان اللـه الذي خلق كل شيء أبدعه. (ينتظر حتى يرددوا من وراءه عدة مرات).

وأنا يا أحبائي اقرب النجوم إلى الأرض. ولولا أنني كبير وقريب لما رأيتموني واضحاً هكذا، ولما أحسستم بحرارتي فأنا أمدكم بالحرارة والضوء. فانتم تحبونني في فصل الشتاء من اجل الحرارة والضوء، وتكرهون أشعتي الحارقة في الصيف وتتمنون أن لا أغيب. لأنكم تحسون بالوحشة والخوف ليلاً. ولكن اسمعوا جيداً، أن بعض أشعتي تكون ضارة، لذلك من الخطأ النظر إلي بشكل مستمر في وسط النهار.

اسمعوا يا أحبائي: هل تعلمون بأنه لولاي ما عاشت النباتات. نعم. فأنا أمدها بالضوء الذي يساعدها في صنع طعامها. وانتم بالطبع تأكلون من النباتات؟ (ينتظر أجوبة الطلاب ويصحح الإجابات الخاطئة). وكذلك انتم تأكلون بعض الحيوانات. مثل ماذا؟ (ينتظر أجوبة الطلاب). إذن لو انه لا توجد نباتات ولا حيوانات فماذا سوف تأكلون؟ (ينتظر إجابة الطلاب ويتفاعل مع الطلاب ويحاورهم).

إذن يا أعزائي. لولا الشمس لما وجدت حياة على وجه الأرض.

والان سأطرح عليكم بعض الأسئلة، لكي اعرف هل فهمتم ما قلته لكم أم لا؟ وبعدها نكتب هذه المعلومات الهامة على السبورة.

بماذا تمد الشمس الأرض؟ (ينتظر الإجابات ويعلق عليها).

والان سوف نكتب الأسئلة وإجابتها على السبورة. (يكتب الأسئلة والأجوبة).

هل المسافة بين الأرض والشمس كبيرة؟

وإذا كانت كبيرة. فكيف نراها؟ ونحس ضوئها؟

ما هي فوائد الشمس للإنسان والحيوان والنبات؟

هل أشعة الشمس دائماًمفيدة؟

من أين تشرق الشمس؟ وأين تغيب؟

عدد الجهات الأربعة؟ (إذا كان الطلاب لا يعرفون فعليه أن يواصل دوره في تمثيل الشمس بنفس الطريقة شارحا لهم الدرس ومعلقا على إجاباتهم). وبيد المعلم تقسيم الزمن وفق الاساليب التي يريد تنفيذها في الحصة.

المثـــال الثالث:

❖ **عنوان الدرس:** العمل كنز.

❖ **الأهداف:**

(يتوقع من الطالب بعد دراسته لهذه الحصة):

- أن يتعرف الطالب على أهمية المهن المختلفة في حياتنا.
- أن يعدد المهن التي يعرفها.
- أن يقدر العاملين في المهن المختلفة ويحترمهم.

❖ **الأدوات اللازمة للحصة:**

أقلام تخطيط، عربابة حديد، أكياس بلاستيكية سوداء، منشار، شاكوش، كرتون، أوراق، سماعة طبيب، خوذة عسكرية، مريول ابيض، مسطرة، طبشوره، ملابس لمهن مختلفة.

❖ **الاساليب المستخدمة في الدرس:**

- الألعاب والتمارين.

- لعب الأدوار.

- الإيماء.

- الارتجال.

المعلم في دور.

استراتيجية الألعاب والتمارين:

يقوم المعلم بإعطاء الطلاب بعض التمارين البسيطة لأعضاء الجسم من اجل إحماءهم وتهيئتهم للدرس.

مثال ذلك: اختيار المعلم لأحد الطلاب من اجل القيام بدور المرآة، وطالب أخر يقوم بعمل حركات جسميه متعددة، حيث أن المرآة تقلد الطالب في حركاته ولكن بشكل معكوس.

ويقوم الطلاب كذلك بتقليد (المرآة) في حركاتها.

وهذا التمرين: يعمل على ليونة أعضاء الجسم لدى الطلاب، ويساعد كذلك على زيادة تركيزهم، ويعمل على تهيئتهم واندماجهم مع الدرس.

❖ **استراتيجية لعب الأدوار والارتجال:**

يقوم المعلم اختيار عدد من الطلاب، للقيام بدور بعض أصحاب المهن المختلفة. حيث يعطي المعلم للطلاب بعض الأدوات اللازمة لأصحاب هذه المهن.

فمثلاً: يمكن أن يلبس أحد الطلاب الخوذة العسكرية على رأسه ويقوم بتمثيل مهنة (الجندي)، ويعرف بنفسه قائلاً: أنا الجندي. أنا أقوم بالدفاع عن الوطن من الأعداء.

ثم يأتي طالب آخر ويلبس لباس الطبيب ويقول: أنا الطبيب أنا أقوم بمداواة المرضى وإسعافهم... وهكذا.

❖ **استراتيجية الإيماء:**

يمكن للمعلم اختيار مجموعة من الطلاب، لتمثيل بعض أصحاب المهن من خلال الإيماء. وهنا يقتصر دور المعلم على إعطاء اسم المهنة للطالب. ويكون دور الطلاب الآخرين معرفة المهنة التي مُثلت أمامهم إيمائياً.

❖ **إستراتيجية المعلم في دور:**

يقوم المعلم بتمثيل إحدى المهن داخل الصف، حيث يطلب من الطلاب (الحضور) طرح الأسئلة عليه للإجابة عنها.

فمثلاً يمكن للمعلم القيام بدور (عامل النظافة)، حيث يلبس لباس عامل النظافة ويحمل بيده مكنسة وكيس نفايات، ويعرف بنفسه من خلال مجموعة من العبارات.

المعلم (عامل النظافة): أصحو كل يوم مبكراً، من اجل جمع النفايات الملقاة في الشوارع، حتى تبقى مدينتنا نظيفة ومظهرها جميل. ماذا تريدون معرفته عني أيها الحضور. اسألوني وأنا سأجيبكم.

(يمكن أن يسأله بعض الطلاب) ويمكن أن يطرح هو عليهم بعض الأسئلة التي تثير تفكيرهم. مثل:

- ماذا يحصل لو أنني تغيبت عن عملي يوماً واحداً؟

- إذا جاء السياح إلى بلدنا ومدينتنا هذه بالتحديد ووجودها مليئة بالأوساخ والمهملات. ماذا سيقولون عنا؟

- إذن. هل عملي مهم أم لا؟

- لماذا ترمون الأوساخ والمهملات على الأرض ولا تضعوها في المكان المخصص؟ هل تريدون إتعابي؟ فانتم كما ترونني رجل كبير في السن.

- ماذا يسمى من يرمي الأوساخ في غير مكانها؟

ثم ينهي المعلم هذا التمرين قائلاً: لقد انتهى عملي هنا يجب أن اذهب لكي انظف شارعاً آخر. اسمحوا لي بالذهاب. استودعكم السلامة.

ويمكن للمعلم عرض بعض الأدوات الخاصة بأصحاب بعض المهن، طالباً من الطلاب التعرف على أصحاب المهن من خلال هذه الأدوات، وطبيعة أعمالهم وأهميتها.

وهكذا. يمكن أن تصل الفائدة للطلاب عن طريق هذه الاساليب، أو غيرها، أو بالطريقة التي يراها المعلم في تنفيذ حصته الدراسية.

المثـــال الرابـــع:

- ❖ **موضوع الدرس:** الكهرباء.
- ❖ **الزمن:** حصة واحدة.

❖ **الأهداف:**

يتوقع من الطالب بعد دراسته لهذه الحصة أن:

1. يتعرف على أهمية الكهرباء في حياته.

2. يعدد الأشياء التي تعمل بالكهرباء في بيته.

3. يقدر دور العلم والعلماء في هذا المجال.

4. ينمي لديه الاقتصاد في استهلاك الكهرباء.

❖ **الأدوات المستخدمة في الدرس:**

كرتون ابيض، أقلام تخطيط، خوذة عمال كهرباء، مفك، زراديه، قنديل قديم شعبي، طشت غسيل، صور مختلفة لـ (مدفأة قديمة، مدفأة كهرباء، امرأة تغسل بيدها امرأة تغسل باستخدام الغسالة الكهربائية...).

❖ **الاساليب المستخدمة في الدرس:**

- الألعاب والتمارين.

- المعلم في دور.

- لعب الأدوار.

❖ **خطوات تطبيق الدرس:**

يقوم المعلم بعمل تمرين للإحماء والتهيئة للدرس.

بعد أن يفرغ الطلاب من تمرين الإحماء، يجلسوا في أماكنهم.

يقوم المعلم بدور (مهندس الكهرباء): قائلاً للطلاب أنا سأقوم بدور مهندس الكهرباء الذي سوف يزورنا في غرفة الصف هذا اليوم.

يهيئ المعلم طاولته وكرسيه من اجل استخدامها من قبل مهندس الكهرباء، ويهيئ كذلك الصور والأدوات ويضعها على الطاولة.

يعين المعلم طالبين متميزين للقيام بدور الصحفيين الذين سيقوما بطرح الأسئلة على (مهندس الكهرباء)، حيث يقوم المعلم بكتابة مجموعة من الأسئلة للطالبين.

المعلم: اسمحوا لي ياأعزائي الطلاب، بالترحيب الحار بضيفنا المحترم من شركة الكهرباء الأردنية - المهندس كمال – الذي جاءنا هذا اليوم، من اجل التعرف على موضوع الكهرباء.

(يقوم المعلم بالجلوس على الكرسي وأمامه الطاولة لابساً خوذة عمّال على رأسه).

المعلم (المهندس كمال): أهلاً وسهلاً بكم. وشكراً لكم على حسن الأستبقال أنا المهندس كمال من شركة الكهرباء.

يسرني أن تتعرفوا على أهمية الكهرباء في حياتنا (يرفع صورة قنديل قديم) ما هذا يا أعزائي؟

(ينتظر إجابات الطلاب) نعم. أنه قنديل قديم. كان الناس يستعملونه قبل اكتشاف الكهرباء كمصدر للضوء. (يرفع صورة امرأة تغسل بيديها) ما هذه؟ (ينتظر إجابات الطلاب) نعم. هذه امرأة تغسل بيديها يا حرام. مسكينة كم تتعب في هذا العمل الشاق؟ خصوصاً عندما تكون كمية الغسيل كبيرة؟.

(يرفع صورة مدفأة حطب قديمة) ما هذه يا أعزائي؟ (ينتظر الإجابات). نعم. هذه مدفأة قديمة تستخدم الحطب في الوقود من اجل التدفئة، حيث كان الناس يقطعون الأشجار الحرجية من اجل التدفئة، ما هو ضرر ذلك

على البيئة والأشجار؟ (ينتطر إجابات الطلاب ويعلق عليها) (ينهض أحد الطلاب ويرفع يده).

الصحفي: اسمح لي يا مهندس كمال أن أقاطعك. أنا الصحفي سمير من جريدة (العِلمْ).

المهندس كمال: تفضل.

الصحفي سمير: اذكر لنا إحدى فوائد الكهرباء؟

المهندس كمال: نعم. من فوائد الكهرباء: أنها تشغل الكثير من الأجهزة الكهربائية الموجودة في البيت. (يسأل) منْ يعدد لي بعض الأجهزة الكهربائية الموجودة في بيته؟ (ينتظر إجابات الطلاب ويعلق عليها) نعم, من الأجهزة الكهربائية: التلفاز، المذياع، المكوى، الثلاجة، الغسالة،...).

(ينهض الصحفي الأخر), أنا الصحفي هاشم من مجلة الكمبيوتر.

المهندس كمال: أهلاً وسهلاً بك. ما هو سؤالك؟

الصحفي هاشم: هل يمكن الاستغناء عن الكهرباء تماماً؟

المهندس كمال: من المستحيل يا أخي. الكهرباء تدخل في جميع أمور حياتنا. في البيت وفي المدرسة، وفي الشارع، وفي كل مكان. سوف أسألكم بعض الأسئلة. ماذا تفعلون بالطعام الزائد عن حاجتكم إذا لم يكن لديكم ثلاجة؟ (ينتظر الإجابات). أن رمي الطعام الزائد عن الحاجة حرام. لذلك فالثلاجة التي تعمل بواسطة الكهرباء ضرورية.

سؤال أخر: هل تستطيعون العيش بدون إضاءة كهربائية، وخصوصاً في فصل الشتاء؟

(ينتظر الإجابات) وماذا تفعلون في الإذاعة الصباحية المدرسية عندما تُفصل الكهرباء؟ كيف ستسمعون من زملائكم ومعلميكم بدون ميكرفون وجهاز إذاعة يعمل بالكهرباء؟ (ينتظر إجابات الطلاب ويعلق عليها). وكيف سيعمل جهاز الكمبيوتر في المدرسة بدون كهرباء؟ (ينتظر الإجابات ويعلق عليها).

إذن فالكهرباء هامة جداً في حياتنا. فالمصانع والأجهزة في المستشفيات، والآلات المختلفة تعمل بالكهرباء. فالكهرباء تدخل في جميع مجالات حياتنا.

أين تدخل الكهرباء كذلك يا أعزائي؟ (ينتظر الإجابات) والسؤال الهام يا أعزائي لماذا تحرص الحكومة على إيصال الكهرباء إلى المدن والقرى؟ (ينتظر الإجابات ويعلق عليها). نعم. لأنها هامة في حياتنا.

ومادامت الكهرباء هامة يا أعزائي. هل يجب الاقتصاد في استهلاكها؟ وما هي فوائد الاقتصاد في استهلاك الكهرباء (ينتظر الإجابات ويعلق عليها).

والآن يا أعزائي. سوف أغادر كم إلى شركة الكهرباء، لان موعد الاجتماع في الشركة بعد نصف ساعة فقط. في نهاية حديثي هذا أريد منكم أن توفروا في استهلاك الكهرباء من خلال التقليل في الإضاءة البيتية، وفي المدرسة. فاللـه تعالى لا يحب المسرفين.

(ينهض المعلم عن الكرسي، ويضع خوذته من على رأسه، ويعود إلى شخصيته كمعلم في بداية الحصة. ثم ينهي الحصة بالطريقة التي يراها).

المثـال الخامـس :

❖ **المبحث:** التربية الإسلامية.

❖ **موضوع الدرس:** الاعتماد على النفس.

❖ **الزمن:** حصة واحدة.

❖ **الأهداف:**

يتوقع من الطالب بعد دراسته لهذه الحصة أن:

- يتعرف على أهمية الاعتماد على النفس.

- يعتمد على نفسه في أداء أعماله.

- يقتدي بالرسول ﷺ الذي كان يعتمد على نفسه.

❖ **الأدوات المستخدمة في الدرس.**

1. الالعاب والتمارين.

2. الإيماء.

3. الارتجال.

4. لعب الأدوار.

❖ **خطوات تطبيق الدرس:**

يقوم المعلم بعمل تمرين رياضي مبسط، أو لعبة شعبية ترافقها تمارين جسدية وإيقاعية، الهدف منها التهيئة للدرس وتنشيط الطلاب.

يكتب المعلم بعد ذلك على السبورة ما يلي:

من صفات الرسول ﷺ - الاعتماد على النفس - كان الرسول ﷺ يعتمد على نفسه. فكان يحلب شاته - يخيط ثوبه - يصلح نعله - يعمل في رعي الغنم - يعمل في التجارة.

- (يكتب المعلم كذلك على ورق الكرتون عبارة: (أنا مسلم اعتمد على نفسي، كما كان النبي ﷺ، يعتمد على نفسه).
- يختار المعلم أحد الطلاب ليقوم بدور الطالب النشيط الذي يعتمد على نفسه، ويختار كذلك طالب أخر للقيام بدور الطالب الكسول الذي يعتمد على غيره.
- يقوم المعلم بإفهام كل طالب دوره الذي سيمثله إيمائياً وارتجالياً.
- سيناريو الطالب النشيط (يكون نائماً، ثم يصحو مبكراً لوحده، يتوضأ ويصلي، ثم يرتب فراشه، ثم يتناول فطوره، ثم ينظف أسنانه، ثم يلبس ثيابه، ويمشط شعره، وينظف حذائه ثم يذهب إلى المدرسة).
- يقوم الطالب النشيط الذي يعتمد على نفسه بأداء السيناريو السابق إيمائياً (قد يتدخل المعلم أثناء أداء الطالب للتمرين، يصاحب التمرين كذلك ردود أفعال الطلاب المشاهدين للتمرين. كذلك قد يطرح المعلم بعض الأسئلة بعد انتهاء التمرين).

المعلم: ماذا يفعل الطالب النشيط بعد صحيانه من النوم؟

- هل يمكن أن يصحو الطالب مبكرا إذا لم ينم مبكرا؟
- لماذا نتناول الفطور صباحا؟

- ماذا يحدث لو لم نتناول الفطور حتى وقت الغداء؟

- لماذا يلبس الطالب الملابس النظيفة؟

- لماذا نعتمد على أنفسنا؟

(ينتظر المعلم الإجابات من الطلاب ويعلق عليها).

- قد يختار المعلم طالباً أخر أيضاً للقيام بدور الطالب الكسول.

- يُخرج المعلم الطالب الذي اختاره للقيام بدور الطالب الكسول لأداء السيناريو المعدّ له إيمائياً.

- السيناريو هو: (الطالب نائم، المنبه يرن يشير إلى الساعة السادسة صباحاً... وبالرغم من ذلك لا يصحو هذا الطالب، وبعد أن يرن المنبه كثيراً يصحو هذا الطالب بتثاقل. ثم يتناول فطوره بدون أن يغسل وجهه ويديه وبدون أداء الصلاة. بعد الفطور يلبس بعض ملابسه الوسخة ويلبس حذائه، ويأخذ كتبه ويمشي وهو يفرك عينيه).

بعد انتهاء هذا التمرين، يقوم المعلم بطرح بعض الأسئلة على الطلاب:

- المعلم:

- هل قام هذا الطالب بأداء الصلاة؟

- هل أداء الصلاة ضروري؟

- هل توضأ أو غسل وجهه ويديه؟

- هل نظف أسنانه بعد الفطور؟

- هل لبس ملابسه النظيفة وحذائه النظيف؟

- هل اعتمد هذا الطالب على نفسه؟

- إذن. هل الاعتماد على النفس في كل شيء ضروري؟

- هل يساعد الطالب والديه عندما يعتمد على نفسه؟

(ينتظر المعلم دائماً إجابات الطلاب، ويتناقش معهم حولها).

- قد يختار المعلم طالباً أخر للقيام بدور الطالب الكسول كذلك.

- ينهي المعلم الدرس من خلال التأكيد على أهمية الاعتماد على النفس والاقتداء بالرسول ﷺ.

المثـــــال الســـادس:

❖ **الموضوع**: حُسن المعاملة.

❖ **الزمن**: حصة واحدة.

❖ **الأهداف**:

يتوقع من الطالب بعد دراسته لهذه الحصة أن:

- يتعرف على أهمية التعامل الحسن بينه وبين الآخرين.

- يعدد بعض الأمثلة على حسن المعاملة بين الناس.

- ينمي لديه حب التعامل الحسن بينه وبين الآخرين والتحلي دائماً بالصفات الحسنة.

❖ **المواد المستخدمة في الدرس**:

كراسي، كتب، مذياع، هاتف، دفاتر، أقلام..، أزهار، نباتات زينة...

❖ **الاساليب المستخدمة في الدرس:**

- المعلم في دور.

- رواية القصة وتمثيلها.

- لعب الأدوار.

- الارتجال.

❖ **خطوات تطبيق الدرس:**

يقرأ المعلم الدرس لمرة واحدة، قراءة متأنية، ثم يطلب من بعض الطلاب قراءة الدرس لعدة مرات.

يبدأ المعلم بعد ذلك بقراءة القصة، محاولاً تقليد الشخصيات الموجودة في قصة الدرس، عن طريق التغيير في نبرة صوته، وحركاته، وإيماءته المختلفة.

بعد ذلك، يكتب شخصيات القصة على السبورة.

والشخصيات هي: (ساري، والدة ساري، مصطفى، زهير). يطلب المعلم من الطلاب الإجابة على أسئلته.

ومن هذه الأسئلة:

1. إلى أين يريد ساري أن يذهب؟

2. هل اخبر ساري صديقه مصطفى انه سيزوره؟

3. لماذا يريد ساري زيارة مصطفى؟

4. أين جلس ساري وصديقه مصطفى؟

5. ماذا سمع ساري ومصطفى أثناء جلوسهما في الحديقة؟

6. من الذي كان ينظر من النافذة على الصديقين ساري ومصطفى؟

7. هل كان صوت المذياع مزعجاً للصديقين ساري ومصطفى أثناء الدراسة؟ لماذا؟

8. ماذا فعل زهير عندما رأى ساري ومصطفى يدرسان في الحديقة؟

9. أين ذهب الأصدقاء الثلاثة بعد الدراسة؟

10. عندما يخطئ أحدكم بحق غيره من الناس. ماذا عليه أن يفعل؟

11. هل الاعتذار عن الخطاء من أخلاق المسلم؟

12. ما العبرة المستفادة من الدرس؟

(ينتظر المعلم دائماً إجابات الطلاب، ويعلق عليها، متحاوراً ومتناقشاً معهم).

وبعد ذلك، يطلب المعلم من الطلاب تمثيل القصة، حيث انه يختار بعض الطلاب الراغبين في التمثيل، ويطلب منهم تحديد الشخصية التي يريد تمثيلها.

يبدأ المعلم بإفهام كل طالب طبيعة دوره، ويقسم العمل إلى عدة مشاهد. منها:

(مشهد ساري وأمه في البيت) و(مشهد ساري في الحديقة) و(مشهد ساري ومصطفى وزهير في الحديقة) و(مشهد ساري ومصطفى وزهير أثناء اللعب).

يطلب المعلم من الطلاب الارتجال الحركي واللفظي بتوجيه منه لهذه المشاهد.

فمثلاً: يمكن أن يكون سيناريو وحوار المشهد الأول كالتالي.

(ساري يجلس على كنبة في صالون بيته، وأمه تجلس وتخيط قطعة قماش أو تقرأ في كتاب).

ساري: هل تسمحين لي يا أمي بزيارة صديقي مصطفى للدراسة معه؟

أم ساري: وهل أخبرته يا بني بموعد الزيارة؟

ساري: لا يا أمي. ولماذا أخبره؟

أم ساري: قد يكون غير موجود يا بني، أو قد يكون لدى أهله ظرف ما يجعلهم غير مستعدين لزيارة أحد لهم.

ساري: معك حق يا أمي. سوف أخبره بموعد الزيارة الآن. (ينهض ويستخدم الهاتف). السلام عليكم. أنا ساري صديق مصطفى. هل يمكن أن أتحدث إلى مصطفى؟ نعم.

سأنتظر (بعد عدة ثواني). السلام عليكم يا صديقي مصطفى. كيف حالك؟ هل أستطيع زيارتك هذا اليوم الساعة الخامسة مساءً للدراسة معك؟ أن شاء اللـه سأكون عندك في تمام الساعة الخامسة مساءً إن شاء اللـه تعالى. استودعك السلامة.

أم ساري: هل هو مستعد لزيارتك؟

ساري: نعم يا أمي. سوف أذهب إليه في تمام الساعة الخامسة مساءً.

أم ساري: الآن. يمكن الذهاب إلى صديقك مصطفى.

بعد أداء المشهد الأول من قبل الطلاب، يطلب المعلم من الطلاب الاستعداد للمشهد الثاني, ويفهم المعلم الطلاب طبيعة أدوارهم، ويضع للمشهد الثاني السيناريو والحوار، ويمكن أن يضع لهم السيناريو فقط ويطلب منهم ارتجال الحوار المناسب.

وهكذا, وبعد أن يتم الطلاب والمعلم جميع مشاهد الدرس، يمكن للمعلم طرح بعض الأسئلة التي طرحها سابقاً على الطلاب لترسيخ المعلومات في أذهانهم. ويمكن للمعلم طلب سرد بعض القصص المشابهة حول موضوع "حسن المعاملة " وينهي المعلم الدرس بالطريقة التي يراها مناسبة.

المثــــال الســابــــع:

❖ **المبحث:** الرياضيات.

❖ **الموضوع:** الزمن.

❖ **الزمن:** حصة واحدة.

❖ **الأهداف:**

يتوقع من الطالب بعد دراسته لهذه الحصة أن:

- يتعرف على مفهوم الزمن.

- يتعرف على تحديد الزمن من خلال الساعة.

- ينمّى لديه أهمية المحافظة على استغلال الوقت في الأشياء المفيدة.

❖ **المواد المستخدمة في الدرس:**

أقلام تخطيط، أطباق كرتون مقوى مربعة الشكل، مسطرة، قطعتا خشب صغير، مشرط، براغي، ساعات مختلفة الأشكال والأحجام، مفكات صغيرة، نظارة طبية، طاقية، عدسة تكبير...

❖ **الاساليب المستخدمة في الدرس:**

المعلم في دور.

الألعاب والتمارين.

الإيقاع والحركة الإبداعية.

❖ **خطوات تطبيق الدرس:**

يبدأ المعلم بإعطاء الطلاب تمارين إحماء خفيفة، عن طريق الحركة أو بعض الألعاب الشعبية، ويمكن للمعلم كذلك عمل تمرين إيقاعي يحتوي على حركات إبداعية وإيقاعية مناسبة لموضوع الدرس كالتالي: يقوم المعلم باختيار ثلاثة طلاب لتمثيل دور عقارب الساعة الثلاثة, ومن خلال لعب أدوار عقارب الساعة وحركتها يمكن عمل تمارين إيقاعية. ويسال المعلم: بأي اتجاه تمشي عقارب الساعة؟ ويطلب المعلم من أحد الطلاب تقليد حركة عقرب الثواني (الذي يمشي بسرعة وبإيقاع ثابت)... وهكذا حتى يقلد جميع الطلاب عقارب الساعة.

يجهز المعلم مجموعة الساعات الحقيقية إن أمكن - ويضعها على طاولته أثناء تطبيق الدرس, ويقوم المعلم نفسه بدور "الساعاتي" أو بائع الساعات المتجول، حيث يبدأ دوره بلبس الطاقية وحمل الساعات ويقول: أنا

بائع الساعات المتجول. أهلا بكم يا أبنائي، لقد جئت إلى هنا من اجل بيع الساعات، معي مجموعة من الساعات الجميلة، التي تلزمكم في حياتكم، وقبل أن أعرفكم على بضاعتي، أريد أن أسألكم بعض الأسئلة:

ما معنى الزمن؟

هل معرفة الوقت هامة؟ لماذا؟

هل يجب علينا أن نستفيد من الوقت؟ لماذا؟

من يقول لي ماذا يفعل في أوقات فراغه بعد الدراسة؟

من يذكر لي عدد عقارب الساعة؟ وما فائدة كل عقرب منها؟

(بالطبع ينتظر المعلم إجابات الطلاب، وردود أفعالهم، ويعلق عليها، ويحاورهم ويناقشهم).

والان يا أعزائي، ثبت لي أنكم أذكياء. وبما أنكم أذكياء سوف أعلمكم كيفية تحديد الوقت من الساعة. (يعرض نموذجاً للساعة، مصنوع من الكرتون المقوى، وعقارب الساعة مصنوعة من الخشب) انظروا يا أعزائي إلى هذه الساعة التي تتكون من الإطار، والعقارب الثلاثة، والأرقام. وبالمناسبة، هذه الأرقام التي ترونها هي أرقام عربية وليست إنجليزية.

والان سوف أعلمكم طريقة تحديد الوقت من الساعة. (يبدأ المعلم بالشرح، مع إعطاء عدة أمثلة على تحديد الوقت من الساعة الموجودة بين يديه) والان سوف اختبر ذكائكم، إذا أجبتم عن أسئلتي:

كم دقيقة تساوي الساعة الكاملة؟

كم ثانية تساوي الدقيقة الواحدة؟

كم عدد ساعات اليوم الواحد؟

كم عدد الدقائق في الحصة الدراسية الواحدة؟

(ينتظر المعلم إجابات الطلاب ويعلق عليها).

سوف أهديكم هذه الساعة لتعلقونها على جدار هذه الغرفة. بقي لي أن أقول لكم: انه توجد أنواع كثيرة من الساعات تستخدم لأغراض متعددة، مثل ساعات التوقيت الرياضية، وساعات التنبيه، الساعات الألكترونيه الرقمية الكبيرة التي تكون في الملاعب والشوارع الكبيرة، والساعات اليدوية، وساعات الحائط، وهناك الساعات الكثيرة التي تختلف في أشكالها وأحجامها.

والان, سوف أتأكد من أنكم قد فهمتم ما شرحته لكم. (يبدأ المعلم بطرح بعض الأسئلة التطبيقية على الساعة، وبعض الأسئلة الأخرى، التي تتعلق بالدرس).

أعزائي الطلاب. وبعد أن قضيت هذا الوقت الجميل معكم، فأنني سوف أغادر كم من اجل بيع ساعاتي هذه، فانتم لازلتم صغار السن ولا تقدرون على شراء الساعات.

ثم يضع المعلم (بائع الساعات) قبعته، ويعود إلى شخصيته كمعلم، وينهي الدرس بالطريقة التي يراها مناسبة.

المثـــال الثامـــن:

❖ **الموضوع:** محافظتي، اسمها، مركزها وابرز أثارها، والمظاهر الطبيعية فيها (محافظة جرش).

❖ **الزمن:** حصتان دراسيتان.

❖ الأهداف:

يتوقع من الطالب بعد دراسته لهذه الحصة أن:

- يتعرف على اسم محافظته وموقعها الجغرافي.
- يتعرف على ابرز آثارها التاريخية وتاريخها.
- يتعرف على ابرز المظاهر الطبيعية فيها.
- يعدد التقسيمات الإدارية الموجودة في محافظته.
- يقدر دور الحضارة الرومانية في بنائها، والإسلامية في تطورها.
- يقدر أهمية محافظته من الناحية السياحية والاقتصادية.
- ينمي لديه حب وطنه والانتماء إليه.

❖ المواد المستخدمة للدرس:

خريطة الأردن الجغرافية، خريطة الأردن السياحية، خريطة مدينة جرش، صور لبعض الأماكن التاريخية في مدينة جرش، صور لبعض الأماكن السياحية في محافظة جرش، كتب تاريخية ووطنية تتحدث عن تاريخ مدينة جرش، لوحه كرتونية تبين التقسيمات الإدارية في المحافظة، لوحة كرتونية تبين أهم القرى في المحافظة، صور لبعض الحرف اليدوية التراثية والتحف في المحافظة، بعض المنتوجات والأعمال التراثية الشعبية، كرتون، أقلام تخطيط، أوراق بيضاء، صحف ومجلات.

❖ الاساليب المستخدمة في الدرس:

التأطير والصور الثابتة.
المعلم في دور.
العمل في مجموعات.

❖ **خطوات تطبيق الدرس:**

يقوم المعلم باختيار عدد من الطلاب، يتم تقسيمهم إلى مجموعتي عمل:

المجموعة الأولى: زوار يريدون معرفة تاريخ مدينة جرش.

المجموعة الثانية: طلاب دراسات عليا في قسم الآثار بالجامعة.

ثم يقوم بإفهامهم طبيعة الأدوار التي سيمثلونها، ثم يحضر الأدوات اللازمة للعمل، ويضعها بين أيدي المشاركين في المجموعات.

❖ **المطلوب:** هو إعداد معرض صور عن محافظة جرش، والذي كان من المفروض افتتاحه اليوم، ولكن لأسباب خارجة عن الإرادة لم يتم افتتاح المعرض. فالزوار والطلاب جاءوا لمشاهدة المعرض.

يقوم المعلم بدور (مدير المعرض)، يطلب من الحضور الجلوس للاستماع إليه.

المعلم (مدير المعرض): أهلاً وسهلاً بكم جميعاً. أنا اعرف أنكم جئتم هنا اليوم لمشاهدة المعرض الخاص بالمحافظة، ولكن لأسباب قاهرة وخارجة عن إرادتنا تأجل المعرض إلى ما بعد ثلاثة أيام. والمطلوب منكم الآن مساعدتي في إنجاز ما تقدرون عليه من المعرض. وأنا سأساعدكم، وسأقدم لكم كل ما تحتاجون من الأدوات والصور والمعلومات والوثائق، والكتب والمجلات والتحف والخرائط وكل الأمور المتعلقة بالمحافظة.

أريد من طلبة الدراسات العليا ترتيب الصور والخرائط ووضعها في مكان خاص، أما انتم ضيوفنا الأعزاء الزوار فهذه بعض التحف والمشغولات اليدوية والحرفية بين أيديكم.

فابدأوا عملكم في مساعدتنا، ريثما أقوم أنا بكتابة بعض المعلومات عن محافظة جرش، على هذه اللوحة الكرتونية التي سنعلقها على باب المعرض.

(يبدأ المعلم (مدير المعرض) بكتابة المعلومات):

تقع مدينة جرش في شمال المملكة، حيث تبعد عن العاصمة "عمان" نحو خمسين كيلو مترا.

الاسم القديم لمدينة جرش هو "جراسيا"، ولها أسماء أخرى مثل "مدينة الألف عمود".

بنيت مدينة جرش على يد الرومان في العصر البيزنطي.

تحتوي مدينة جرش على عدة مواقع أثرية مثل:

سور المدينة، معبد ارتيمس، ساحة الأعمدة، المدرج والمسرح الجنوبي، المسرح الشمالي، الكنائس والحمامات والأعمدة والكهوف الأثرية.

وتحتوي محافظة جرش عدة أماكن سياحية ذات مناظر طبيعية خلابة مثل: أحراش دبين وكفر خل وبرما وسوف، وغيرها.

تحد محافظة جرش من الجنوب: العاصمة عمان، ومن الشمال مدينتي: اربد والرمثا، ومن الغرب: محافظة عجلون، ومن الشرق محافظتي المفرق والزرقاء.

(يقوم بتعليق اللوحة/ اللوحات على الجدار)، والآن لنرى ماذا صنعت المجموعة الأولى.

(يقوم أحد أعضاء المجموعة الأولى للحديث): هذه صور أهم الأماكن السياحية في محافظة جرش.

فهذه صورة لمتنزه دبين، وهذه صورة أخرى لأحراش منطقة برما، وهذه صورة أيضاً لأحراش منطقة سوف، وهذه كذلك صورة جميلة لأشجار البلوط في منطقة كفر خل.

(يقوم طالب أخر للحديث) وهذه صورة لشارع الأعمدة، وهذه صورة أخرى للمسرح الجنوبي، وهذه صورة أخرى لبوابة جرش الجنوبية المعروفة بـ (قوس النصر).

(يقوم طالب آخر للحديث): وهذا الكتاب لأحد الرحالة الأجانب، الذي يتحدث عن تاريخ جرش، وبنائها، وأهميتها السياسية قديماً، وعن المواقع الأثرية فيها. (يقوم طالب أخر للحديث): وهذه مخطوطة قديمة تبين أهمية مدينة جرش، التي كانت تعرف قديماً بـ "جراسيا".

وهذه صورة لأرضية فسيفسائية، أخذت من داخل إحدى الكنائس في المدينة، وهذا تمثال صغير وقديم، يدل على عراقة وتاريخ هذه المدينة.

المعلم (مدير المعرض): ولنرى الآن ماذا أعدت لنا المجموعة الثانية؟

(ينهض أحد أعضاء المجموعة للحديث): هذه صورة تبين صناعة الزجاج والفخار قديماً. وهذه نماذج لبعض التماثيل الرومانية القديمة، وزخارفهم الهندسية والنباتية والحيوانية، وهذه صورة لبعض المشغولات اليدوية.

(ينهض طالب أخر للحديث): وهذه بعض التحف الجميلة، التي صنعت قبل ألفي سنة تقريبا. وهذه خريطة لمحافظة جرش، تبين حدودها مع المحافظات الأخرى، واهم القرى، والتجمعات السكانية فيها. وهذه خريطة أخرى، تبين أهم الطرق الزراعية، والمحاصيل النباتية التي تزرع في المحافظة، مثل: العنب، الزيتـون، الفاكهة، حيث توجد مساحات - ليست قليلة - من الأراضي المغطاة بالأشجار الحرجية كالصنوبر، واللزاب، والسنديان، وغيرها.

وتوجد في محافظة جرش تضاريس مختلفة مثل: الوديان، والجبال، والهضاب. فهذه الصور، تمثل هذه التضاريس. (يعرض بعض الصور). ويقام سنوياً في فصل الصيف مهرجان ثقافي وفني فيها، يشمل الكثير من الفعاليات الثقافية والفنية الأردنية، والعربية، والدولية.

المعلم (مدير المعرض): أشكركم على تعاونكم، واشكر هؤلاء الحضور، الذين جاءوا إلينا لمشاهدة المعرض (يؤشر نحو الطلاب) أريد أن أترككم هنا لترتيب المعرض، وسأذهب لإحضار بعض التجهيزات الخاصة بالمعرض. (يعود المعلم إلى شخصيته، ويقوم بطرح هذه الأسئلة على الطلاب الذين قاموا بتمثيل أدوار أعضاء المجموعتين):

كيف رأيتم تمثيل الأدوار؟

هل أحببتم لعب الأدوار؟ وما هو إحساسكم وانتم تمثلون هذه الأدوار؟

هل تحبون الاستمرار بهذه الطريقة؟ (يحاول المعلم استقراء آرائهم، ويحاورهم، ويتناقش معهم، ثم يقوم بطرح هذه الأسئلة على الطلاب الآخرين):

- عدد اسمين قديمين لمدينة جرش؟

- من يذكر لي المحافظات المجاورة لمحافظة جرش؟

- من يذكر لي أهم المواقع الأثرية في مدينة جرش؟

- ما هي ابرز الأماكن السياحية في محافظة جرش؟

- من منكم قام بزيارة آثار جرش؟ وما هي أهم المواقع الأثرية التي أعجبتك فيها؟

- من منكم يريني صورة المسرح الجنوبي، وصورة منتزه دبين من هذه الصور؟

- من يعدد لي أهم التضاريس في محافظة جرش؟

- من منكم يريني موقع محافظة جرش على خريطة الأردن هذه؟

- ما هي أهم المحاصيل الزراعية، والأشجار الحرجية في محافظة جرش؟

- من يعدد لي خمس قرى من محافظة جرش؟

- متى يقام مهرجان جرش للثقافة والفنون؟ وما هي أهم فعاليته؟

- هل تحب محافظتك ؟ وهل تحب وطنك الأردن؟ لماذا؟

- ما هو واجبك تجاه الآثار الموجودة في الأردن؟

(وعندما يرى المعلم أن أهدافه التي رسمها للدرس، قد تحققت، ينهي الدرس بالطريقة التي يراها مناسبة).

المثـــال التاســـع:

❖ **الموضوع:** البحث عن الحل المناسب.

❖ **الزمن:** حصة واحدة.

❖ **المواد المستخدمة في الدرس:**

أقلام، لعبة على شكل بندقية، حقائب ظهر عسكرية، بعض العلب التموينية، خرائط عسكرية، ملابس عسكرية، منظار، بوصلة، صور لمصادر المياه في الأردن، صور تبين مصادر التلوث، وصور لأشخاص يقومون بإسراف المياه..

❖ **الأساليب المستخدمة في الدرس:**

- التفكير الإبداعي.

- لعب الأدوار.

❖ **الأهداف:**

يتوقع من الطالب بعد دراسته لهذه الحصة أن:

- يتعرف على بعض المواقف التي تحتاج إلى حلول مناسبة.

- يكون قادراً على التصرف في بعض المواقف التي تواجهه.

- ينمي لديه التفكير الإبداعي وتوظيف قدراته العقلية وذكائه في إيجاد الحلول المناسبة في المواقف الصعبة التي تواجهه.

❖ **خطوات تطبيق الدرس:**

يقوم المعلم بطرح بعض المواقف أمام الطلاب، ويطلب منهم التفكير فيها، ويتناقش مع الطلاب، ويحاورهم، ويثير تفكيرهم وخيالهم للوصول إلى الحل المناسب لكل موقف.

ومن هذه المواقف التي قد يثيرها المعلم:

الموقف الأول:

مجموعة من الجنود وعددهم (5)، يقومون بعمل مناورة في الصحراء, وفجأة اكتشفوا انهم بعيدون عن قيادتهم، وأجهزتهم اللاسلكية تعطلت، ولم يبقى لديهم الماء والطعام الكافي، ولا يعرفون كيف سيتصرفون في هذه الصحراء المليئة بالأفاعي والوحوش؟ علماً بأن لديهم خريطة عسكرية، ولديهم بوصلة وبندقية.

(سوف يقوم المعلم بطرح بعض الأسئلة على الطلاب لإثارة تفكيرهم).

1. كيف سيأكلون ويشربون؟
2. كيف يستطيعون النوم في الصحراء المليئة بالأفاعي والوحوش؟
3. كيف يستطيعون الوصول إلى بقية الجنود؟
4. كيف يستطيع بقية الجنود الوصول إلى هذه المجموعة في الصحراء؟
5. ما هي فائدة الأدوات الموجودة لديهم؟

(وعن طريق إجابات الطلاب ومناقشتها من قبل المعلم، سيصل الجميع إلى الحل المناسب لهذا الموقف).

ويمكن للمعلم طلب تمثيل هذا الموقف من قبل الطلاب.

الموقف الثاني:

اكتشفت وزارة الصحة بان المياه الجوفية ملوثة وغير صالحة للشرب ولا توجد مياه صالحة للشرب سوى مياه السدود ونحن الآن في فصل الصيف حيث لا توجد مياه أمطار.

فكيف يمكن حل هذه القضية علماً بان عدد سكان الأردن حوالي خمسة ملايين نسمه؟.

(سوف يقوم المعلم بطرح عدد من الأسئلة التي تثير تفكير الطلاب لإيجاد الحلول المناسبة).

ومن هذه الأسئلة:

1. ما هو سبب تلوث المياه الجوفية؟

2. هل يمكن معالجة التلوث في المياه الجوفية؟

3. كيف تكفي مياه السدود فقط لخمسة ملايين نسمة؟

4. ما هي المصادر الأخرى التي يمكن الاعتماد عليها للحصول عل المياه؟

5. كيف نستطيع الترشيد في استهلاك المياه على مستوى الأردن؟

6. كيف نستطيع الترشيد في استهلاك المياه على مستوى البيت؟

7. كيف يمكن المحافظة على المياه الجوفية نظيفة، خالية من التلوث؟

8. إذن. ما هي أفضل طريقة للتعامل مع المياه؟

(وبعد أن يستمع المعلم لإجابات الطلاب يقوم بمناقشة ومحاورة الطلاب من اجل الوصول إلى الحلول المناسبة لهذا الموقف).

وبهذا نكون قد تطرقنا إلى جميع استراتيجيات الدراما في التربية والتعليم، من خلال الدروس التطبيقية التي أوردناها.

أمثلة تطبيقية
على بعض التمارين والتدريبات
على الصوت والإلقاء والتمارين الجسدية

التدريبات على الصوت:

هنالك شرطان ضروريان لنقل الصوت بقوة إلى الآخرين هما:

- يجب أن يكون عمود الهواء الناقل للصوت منطلقاً بقوة وبدون عوائق (مثل ضيق في الحنجرة أو الفكين...).
- يجب تضخيم الصوت بواسطة جهاز تضخيم الصوت الفسيولوجي الموجود لدى الإنسان، لذلك من المهم جداً أن يتعرف الإنسان على طريقة التنفس الصحيح والتدريب عليها.

وهنالك ثلاثة أنواع من التنفس:

1. عن طريق الصدر.
2. عن طريق الجوف.
3. عن طريق الصدر والجوف معاً.

واليك هذه التمارين، التي تفيد في تحسين الصوت، وقوته، وبالتالي تؤدي إلى الإلقاء الصحيح:

التمرين الأول: (التدريب على التنفس الصحيح).

- استلقِ على سطح صلب، حتى يظل العمود الفقري مستقيماً. ثم تنفس من إحدى فتحتي الأنف بعد سد الأخرى. وعند إخراج الهواء افعل العكس. كرر هذا التمرين لعدة مرات.

وبعدها يمكن أن تأخذ الشهيق، ثم تتوقف عن التنفس، ثم تخرج الهواء (زفير).

فمثلاً: يمكن أن يكون الشهيق لمدة (4) ثواني، والتوقف عن التنفس لمدة (12) ثانية، والزفير لمدة (8) ثوانٍ. كرر هذا التمرين لعدة مرات يومياً على مدى أسبوعين.

التمرين الثاني: التدريب على التنفس:

- استلقِ على الأرض أو كن واقفاً باستقامة. قم بالتنفس البطيء مع امتداد البطن والضلوع إلى الخارج، ثم اكتم نفسك لعدة ثوانٍ، وبعدها، اخرج الهواء ببطئ مع انقباض البطن إلى الداخل، بينما تبقى الضلوع محتفظة بالهواء بعض الوقت. كرر هذا التمرين يومياً، حتى تشعر بأن تنفسك اصبح طبيعيا.

تمارين خاصة بالصوت والإلقاء:

- تضخيم الصوت العلوي:

ويأتي ذلك، من خلال عملية الشهيق، والنطق بعد ذلك لحرف الميم (م) أثناء عملية الزفير بقوة.

- تضخيم الصوت الصدري:

وذلك، عن طريق الكلام بدرجة واطئة.

- تضخيم الصوت الأنفي:

ويأتي ذلك عن طريق النطق لحرف النون (ن) أثناء عملية الزفير.

- تضخيم الصوت الحلقي:

ويأتي ذلك، عن طريق نطق الحروف الحلقية بقوة، مثل التدرج في نطق (آه) حتى يصل الصوت إلى أعلى مدى أثناء عملية الزفير.

- التدرج في نطق حرف، أو كلمة معينة، حتى يصل الصوت إلى أعلى نقطة. كرر هذا التمرين عدة مرات يومياً.

- ترديد أصوات غير عادية: مثل محاكاة وتقليد بعض الأصوات الطبيعية، والضوضاء، أو أصوات الطيور، أو أصوات بعض الحيوانات.

- يمكن تنمية القدرات الصوتية، المختلفة عن القدرات الطبيعية، وذلك من خلال الكلام بصوت أعلى، أو اخفض من المعتاد.

- قم بقراءة أي نص، عن طريق زيادة حجم الصوت شيئاً فشيئاً، ثم عليك بعد ذلك، أن تنتظر صدى صوتك، وتبدأ بمحاورته.

- ارتجال حوار بين اثنين:

مثلاً: شخص يؤدي دور الصياد، أخر يؤدي دور الفريسة (نمر).

- قم بتكرار كلمة (لا) عدة مرات، داخل غرفة مغلقة، وانتظر صداها، وقم بمحاورتها من خلال نطق نفس الكلمة، وبعدها استرخِ على الأرض لبضع دقائق.

- تقليد أصوات بعض الحيوانات: مثل تقليد صوت القط، أو النمر، ابتداءً من الصوت المنخفض إلى العالي، محاولاً التعبير بعدة تعبيرات، من خلال هذه الأصوات.

- قم بالوقوف على الرأس لمدة زمنية تتحملها، ثم حاول أن تصرخ أو تغني، وأنت في هذا الوضع.

- ضع قلماً بين أسنانك بشكل عرضي، ثم اقرأ قطعة أدبية، وتدرب على إلقائها والقلم بين أسنانك، وحاول عمل تلوين في صوتك. كرر هذا التمرين لعدة مرات.

التمارين الجسمية:[1]

تمارين الإحماء:

- المشي على أصابع القدمين، مع تحريك اليدين والذراعين بشكل دائري، أثناء سماع ا لموسيقى.

- الركض على أصابع القدمين مع الموسيقى، حيث انه يجب أن يشعر الجسم بالمرونة، وانعدام الوزن.

- الجري في المكان، مع تحريك القدمين واليدين والرأس.

- يختار كل شخص زميلاً له، لكي يركض وراءه ويمسك به، ومن خلال هذه الحركة يتولد الإحماء لدى الشخصين.

- الحركات المرتجلة (الراقصة) عند سماع صوت الموسيقى، حيث أن هذه الحركات الإيقاعية تساعد على الإحماء.

- المشي على القدمين بسرعة، مع تغيير الاتجاه بعد سماع إشارة تغيير الاتجاه من المدرب. إرخاء العضلات والعمود الفقري:

- تمرين صحيان القطة من النوم:

يقوم هذا التمرين على مشاهدة القطة عند صحيانها من النوم، حيث أنها تتمطى وتمد أرجلها للأمام والخلف ببطء.

- كن في وضع الوقوف، الساقان معاً باستقامة. اثن الجذع نحو الأرض حتى يمس الرأس الركبتين.

- استدارة الجذع بقوة من الخصر إلى الأعلى.

- استلقِ على الأرض، ثم دور الجسم نحو اليمين والشمال.

- قم بتقليد حركات بعض الحيوانات كالكنغر.

تمارين جسمية متنوعة:

- الوقوف على الرأس.

- قم بتقليد وضع الطيران لدى الطيور.

- قف على قدميك بعد أداء تمارين الإحماء، ثم قم بعمل تمرينات لأصابع يديك عن طريق تحريكها، ثم حرك ذراعيك ثم كتفيك بشكل دائري، ثم افعل نفس الشيء مع مقدمة قدميك، ثم ساقيك، ثم رجليك بحركات دائرية كذلك لليمين والشمال، ثم قم بعمل تمرينات للرقبة والجذع. وبعد إتمام التمرينات لجميع أجزاء جسمك، استرخِ قليلاً لمدة بضع دقائق، أثناء الاستماع للموسيقى، وبعدها، انهض

واركض يشكل بطيء لعدة دقائق. تابع هذا التمرين على مدى عدة أيام، حتى تشعر بتغير في ليونة أعضاء جسمك.

- استلقِ على ظهرك، ثم ارفع إحدى رجليك عن الأرض، واثنها، ثم أنزلها وارفع الأخرى، وهكذا.
- استلقِ على بطنك، ثم اثنِ ذراعيك، وحاول الارتكاز والنهوض عليهما، حتى يرتفع البطن تماماً عن الأرض، ثم انزل حتى يلامس بطنك الأرض. كرر هذا التمرين عدة مرات.
- قم بعمل تمرينات للوجه، من خلال تدليكه، وفتح الفم وتحريكه إلى جميع الاتجاهات.
- قم بعمل تمرينات للعينين، وذلك من خلال تحريك العينين إلى جميع الاتجاهات.
- اعمل تمرينات للسان، وذلك من خلال تحريكه للخارج، وللجوانب في جميع الاتجاهات.
- قم بعمل تمرينات للرقبة، من خلال تحريكها بجميع الاتجاهات.
- استمع إلى صوت موسيقى راقصة، وقم بتحريك بعض أجزاء جسمك مع الإيقاعات.
- استمع إلى صوت موسيقى هادئة، ثم قم بمحاكاة بعض الرقصات، مع الحركات الجسمية، بليونة ورشاقة.
- تدرج في الركض، ابتداءً من المشي البطيء، ثم العادي، ثم الركض بسرعة.

- تمرين شد الحبل:

تخيل انك تمسك بحبل أمامك، شد هذا الحبل، حتى يتحرك الجذع باتجاه اليدين للأمام، زد سرعة شد الحبل حتى تصل إلى أعلى درجة من السرعة. كرر شد الحبل عن جهة اليمين، ثم جهة اليسار، ثم للأعلى، ثم للخلف.

- قم بتقليد حركات بعض الأشخاص، وطريقة مشيهم.

- استلق على ظهرك، ثم استرخ وأنت تستمع للموسيقى المصاحبة لهذا التمرين. أصغ إلى توجيهات المدرب جيداً، حيث أن هذا التمرين يتطلب التركيز العالي، والخيال الواسع. تحرك حسبما يطلب منك المدرب. فعلى سبيل المثال: تخيل انك عبارة عن شجرة، الرجلان هما الجذور، والجسم هو الساق، واليدان هما الجذوع، والأصابع هي الأزهار. استجب إلى تعليمات المدرب فيما يطلبه منك. مثلاً: كيف تكون الشجرة حزينة ومأساوية؟ كيف تتفتح الأزهار؟،... وهكذا.

مثال تطبيقي

على مسرحية أحد دروس مادة العلوم[1]

المحاكمة (أعضاء الجهاز الهضمي ووظائفها):

يفتح الستار على مجموعة الجهاز الهضمي للإنسان.

المجموعة: نحن أعضاء الجهاز الهضمي.

كل منا يؤدي عمل.

لو حدث لعضو منا خلل.

الكل يسال يا ترى من السبب؟

صوت كل عضو: أنت السبب... أنت السبب.

أنت السبب ... أنت السبب.

(مع محاولة هرج ومرج ومشاجرة بين الأعضاء... وفجأة يدخل شرطي وينهي الخلاف ويصطحب الجميع إلى المحكمة, تضاء الأنوار ويظهر الديكور عبارة عن قاعة محكمة).

القاضي: محكمة! (ويشير إلى الحاجب) نادِ على المتهم الأول.

الحاجب: المتهم الأول ... فم الإنسان (يدخل).

القاضي: ما اسمك؟

الفم: فم الإنسان.

---

[1] (هذه المسرحية مأخوذة - بتصرف- من كتاب: المسرح المدرسي في المملكة العربية السعودية, تأليف د. عبد الله

القاضي: أين تسكن؟

الفم: في الجزء الأسفل من الرأس.

القاضي: ما رأيك في الاتهام الموجه إليك.

الفم: أي اتهام.

القاضي: المعدة تقول انك ترسل الطعام إليها غير ممضوغ مما يسبب لها آلاما وارتباكا عن أداء وظيفتها.

الفم: أبداً. كلام غير صحيح.

القاضي: وهل المعدة تدعي عليك.؟

الفم: مظلوم ... و الله العظيم مظلوم.

القاضي: إذا كنت مظلوماً كما تدعي إذن ما هي وظيفتك.

الفم: أنا فم الإنسان... عندي الأسنان التي تقوم بتقطيع وتمزيق وطحن الطعام.

القاضي: وماذا أيضاً؟

الفم: وفيّ اللعاب.

القاضي: "اللعاب" ... وما هي وظيفته؟

الفم: تحول المواد النشوية إلى مواد سكرية وتساعد على بلع الطعام..

القاضي: وماذا أيضاً.

الفم: وفيّ اللسان الذي يحرك الطعام ويساعد أيضاً على الكلام.

القاضي: وكم عدد الأسنان.

الفم: (32) سناً. (16) في الفك الأعلى، و (16) في الفك الأسفل.

القاضي: هل معك شهود؟

الفم: نعم معي شهود.

القاضي: شهودك من؟

الفم: البلعوم والمريء.

القاضي: (للحاجب) نادِ على البلعوم (للفم انتظر).

الحاجب: البلعوم (يدخل البلعوم).

القاضي: أين تسكن؟

البلعوم: بين الفم والمريء.

القاضي: قل و الله العظيم أقول الحق.

البلعوم: و الله العظيم أقول الحق.

القاضي: ما رأيك في الاتهام الموجه من المعدة إلى الفم.

البلعوم: أحياناً يكون الطعام جيداً وأحياناً لا يكون.

القاضي: والتقصير من أين.

البلعوم: الله أعلم.

القاضي: إذن ما هو عملك بالضبط.

البلعوم: عملي توصيل الطعام إلى المريء فقط.

القاضي: (للحاجب) نادِ على المريء.

الحاجب: (المريء) يدخل.

القاضي: ما اسمك؟

المريء: أسمي المريء.

القاضي: أين تسكن؟

المريء: بين البلعوم والمعدة.

القاضي: قل و الله العظيم أقول الحق.

المريء: و الله العظيم أقول الحق.

القاضي: ما رأيك في الإتهام الموجه من المعدة إلى الفم؟

المريء: أحياناً يكون الطعام جيداً وأحياناً لا يكون.

القاضي: (بتعجب) أحياناً ... أحياناً...

والتقصير من أين؟

المريء: الله أعلم.

القاضي: وما عملك بالضبط؟

المريء: عملي توصيل الطعام من البلعوم إلى المعدة.

القاضي: (للحاجب) نادِ على المعدة.

الحاجب: المعدة تدخل.

القاضي: ما رأيك ... الفم ينكر كل الإتهامات الموجهة إليه.

المعدة: هو السبب ... هو السبب!!

القاضي: بهدوء ... بهدوء ... إذن ما هي وظيفتك.

المعدة: الدليل هو آلامي وارتباكي.

القاضي: (يتعجب) آلامك ... إذن ما هي وظيفتك.

المعدة: انا ... يأتيني الطعام من المريء وبحركتي الرحوية أقوم بهضم الطعام وأفرز عليه العصارة المعدية التي تهضم المواد البروتينية.

القاضي: وكم ساعة يجلسها الطعام؟

المعدة: يجلس ست ساعات.

القاضي: وبعد؟

المعدة: يتحول الطعام إلى سائل وينقل إلى الأثنى عشر.

القاضي: الأثنى عشر.

المعدة: نعم وفي الأثنى عشر تصب عليه عصارتان:

العصارة الصفراوية التي تهضم المواد الدهينة.

والعصارة البنكرياسية التي تهضم السكرية.

القاضي: وبعد ذلك؟

المعدة: بعد ذلك يذهب إلى الأمعاء الدقيقة.

القاضي: (للحاجب) نادِ على الأمعاء الدقيقة.

الحاجب: الأمعاء الدقيقة.

القاضي: ما هي وظيفتك؟

الأمعاء: أقوم بفرز العصارة المعوية التي تساعد على هضم المتبقي من الطعام.

القاضي: وماذا بعد؟

الأمعاء: يتحول إلى سائل ويمتص عن طريق الخملات المبطنة بجداري ومنها إلى الدم والدم يقوم بتوزيعها إلى أجزاء الجسم.

القاضي: والباقي من الطعام.

الأمعاء: تقصد الفضلات.

القاضي: نعم الفضلات.

الأمعاء: تذهب إلى الأمعاء الغليظة.

القاضي: استرح (للحاجب) نادِ على الأمعاء الغليظة.

الحاجب: الأمعاء الغليظة.

القاضي: ما عملك.

الأمعاء الغليظة: أنا وظيفتي بسيطة جداً وهو الطعام الذي لم يهضم أمتص منه الماء ويخرج مني على هيئة فضلات.

(يدخل شخص ويقول أنا معي الدليل على براءة الفم).

القاضي: (سكوت) من أنت؟

اللسان: أنا اللسان وسوف أقول كلمة الحق.

القاضي: تفضل.

اللسان: ليس العيب على الفم ولا المعدة ولكن العيب والتقصير من الإنسان لأنه لم يتبع النظام الذي يحافظ به على سلامة أعضاء جسمه ولذلك تقع المسئولية عليه وللأسباب الآتية:

عدم المحافظة على أجزاء جهازه الهضمي وعدم غسل الأسنان يعرضها للكسر والخلع، والأكل بين الوجبات يعرض المعدة للارتباك، وأكل الطعام المكشوف المعرض للذباب والتراب يسبب لها أمراضا خطيرة.

(وفجأة يدخل الإنسان).

الانسان: وحضرت بدون نداء.

القاضي: من أنت؟

الإنسان: أنا الإنسان ... وسمعت كل الأعضاء.

القاضي: ما وظيفتك؟

الإنسان: بعد ما سمعت كل ما قيل يبقى محافظتي على كل الأعضاء واستشارة الطبيب عند كل عناء.

القاضي: (يستشير هيئة المحكمة).

والآن بعد ما سمعنا وشاهدنا الأحداث نقول الكل يعمل في أمان وليعيش الإنسان في صحة وهناء... وحكمت المحكمة ببراءة جميع الأعضاء. (يفرح جميع الأعضاء ويهللون).

الأعضاء جميعاً: يحيا العدل .. يحيا العدل.

مثال تطبيقي
على النص المسرحي المناسب
للمرحلة الأساسية الدنيا (مسرحية: التعاون)[1]

الراوي: كان يا ما كان في قديم الزمان وأول الدهر والأوان جرذي الحقول وقنفذ وثعلب وكان الجرذي يحرث الأرض لوحده وكذلك كان يفعل القنفذ، وما أن رأى أحدهم الآخر حتى تبادر إلى ذهن القنفذ يوما فكرة مفيدة.

القنفذ: يا صديقي الجرذي. أنت تحرث الأرض لوحدك وأنا أحرثها لوحدي. ما رأيك لو تعاونا سوية نتقاسم العمل حرثا وزرعا ثم نتقاسم المحصول بالعدل.

الجرذي: نعمت الفكرة يا صديقي القنفذ وبورك الرأي، فلنبدأ الآن بالعمل سوية. (موسيقى راقصة والقيام بمحاكاة عملية الحرث والغرس والسقي والحصاد بشكل صامت وبحركات إيقاعية تصاحبها الموسيقى كما يمكن أن تلحن أغنية ثنائية مناسبة يغنيها الممثلان).

الراوي: وعملا سوياً يحرثان ويسيقان سوية ويرعيان الزرع حتى جاء وقت الحصاد فحصدا ودرسا الحصاد. وهنا اختلفا.

الجرذي: يا صديقي القنفذ أنني بذلت من الجهد أضعاف ما بذلت أنت انظر إلى أظافري كيف أكلها التراب من الحرث.

---

(1) أخذت هذه المسرحية من كتاب طرق تدريس التمثيل, تأليف: اسعد عبد الرازق والدكتور:عوني كرومي، وزارة التعليم العالي والبحث العلمي، العراق، مطابع مؤسسة دار الكتب للطباعة والنشر في جامعة الموصل، العراق، 1980.

القنفذ: لقد عملت معك يوماً بيوم وبذلت من الجهد ما بذلت أنت في الحرث والبذر والسقي والحصاد والدرس وما أرى لك حقاً اكثر من حقي فلنتقاسم بالعدل كما اتفقنا.

الجرذي: إن هذا حرام. فأنا الذي حرث وبذر ورافق الزرع ثم حصد ودرس وما بذلت أنت من الجهد لا يعادل عُشر ما بذلت أنا.

القنفذ: لا تظلم نفسك يا صديقي. فأنت تدري إنني بذلت من الجهد ما بذلت أنت، ولكن إذا شئت نعرض أمرنا على من ترى في حكمة العدل.

الجرذي: أنا موافق.. إذا كنت ترى في ذلك حلاً.

القنفذ: لنقف هنا ونحتكم بأول من يمر من أمامنا.

الراوي: (إلى المشاهدين) هل تعتقدون يا أصدقاء أن هذا الحل هو صحيح... نعم، لا..... صحيح....... غير صحيح... حسنا لننظر ونرى ما سوف يلاقونه.

القنفذ: هاهو الثعلب مقبل علينا..... أترى أن نحكمّه.

الجرذي: نعم أرى ذلك، فلنحكمه.

الراوي: وقص كل واحد منهم حكايته للثعلب (للمشاهدين) من منكم يقول لي ما هي صفة الثعلب وكيف يتوقع أنه سوف يحكم بينهم.

(يبدأ الحوار مع الأطفال يمكن ارتجاله على أن لا يكون طويلا ويتم خلالها سرد القصة بشكل صامت في الخلف بين القنفذ والجرذي والثعلب). (مع انتهاء الحوار في حالة العرض بتقديم الثعلب إلى الجمهور).

الثعلب: حسنا سوف أحكم بينكم (يلتفت إلى الجرذي والقنفذ) حسنا. سأحكم بينكما بالعدل. إن المشكلة بسيطة ولا تحتاج منكما إلى كل هذه الخلاف أنت أيها القنفذ، خذ القش والتبن إلى بيتك ليكون لك عونا على برد الشتاء، أما أنت أيها الجرذي،فخذ كيلو واحدة من القمح فإنها تكفيك فصل الشتاء، والباقي سيأخذه القاضي لقاء ما بذل من جهد في حسم القضية والحكم فيها بالعدل.

الراوي: ما رأيكم يا أصدقاء هل الحكم عادل.... وهل ما قرره الاثنان صحيح (سوف تأتي صيحات مختلفة من القاعة قد تجاوبها الراوية بشكل مرتجل أو يقول لهم) لنرى الآن ما سوف يفعله الأصدقاء الذين اتفقا واختلفا أيضا.

القنفذ: أيرضيك هذا الحكم من هذا الثعلب الماكر؟ هاهو يستأثر بكل جهدنا دوننا. أما كان باستطاعتنا أن نتفاهم ونسمع إلى صوت العقل والعدل في نفسينا؟ (إلى الجمهور يطرح السؤال).

ها.... أريت ما قاله الأصدقاء أن نسمع صوت العقل افضل.

الجرذي: أجل يا صديقي كان بإمكاننا. ولكن الآن ما العمل؟ لقد وقع المحظور وورطنا أنفسنا. (إلى الأطفال المشاهدين) ما العمل ما العمل.؟

القنفذ: لا تخافوا.... لا تحزن يا صديقي، فسأتدبر هذا الجشع (يلتفت إلى الثعلب). نشكر لك ما بذلت من جهد عظيم في الحكم بيننا بالقسطاس المستقيم.وسوف نذكر لك فضلك هذا ما امتدت الصداقة بينا.ولكن يا صديقنا الثعلب. ألا ترى أن نرد لك فضلك؟

الثعلب: أشكركما على وفائكما وطيب معدنكما.

القنفذ: يقيناً انك ستحمل سهمك من القمح إلى الطاحونة.

الثعلب: هو كذلك يا صديقي.

القنفذ: خذ هذا الكيس الكبير وضع سهمك فيه لأ نقله لك إلى الطاحونة.

الثعلب: (يضحك بصوت عالي وتهاوي على الأرض حتى استلقى على قفاه من شدة الضحك) أو تستطيع حمل هذا الكيس وحجمه ضعف حجمك؟

القنفذ: ولكن ما العجب في ذلك؟ ألم تسمع بقصتي مع الثعلبين اللذين أخفيتهما في الكيس عندما فوجئنا بالصياد فحملتهما بعيدا وكنت سببا في إنقاذهما؟

الثعلب: لا لم اسمع بذلك.

القنفذ: (يلتفت يمينا ويسارا ثمّ يلتفت ورائه ويصيح) انظر سوف أنقذك أنت أيضا... فقد اقبل الصياد وإني لأخشى عليك منه... هيا، هيا يا صديقي الثعلب ادخل الكيس ادخل بسرعة.

الثعلب: (فزعاً ومرتبكاً)..... أنقذني يا صديقي.0يدخل الكيس وهو خائفا مسرعا فيشده القنفذ ويغلق الكيس).

القنفذ: هيا يا صديقي جرذي الحقول ضعه على ظهرك وأنا سوف أوخزه بالإبرة... حتى يأخذ حسابه.

الثعلب: (بولولة) ماذا تريدان بي؟ لقد تورم جسمي من وخزة الإبرة، أرجوكما اتركاني... أرجوكما، لقد تبت على يديكما ولن أعود لها ثانية.. سوف أترككم تتقاسمون المحصول بالعدل والحق.

(القنفذ والجرذي يضحكان ويخرج الثعلب ويهرب منهما وهو يولول).

القنفذ: لا بد أن نرد لك فعلتك الظالمة... وأن نكافئ جشعك وأنانيتك كي يبقى درسا بليغا لك في حياتك.

الجرذي: (بعد أن هدأ قليلا وضحك وهو يلتفت إلى صديقه القنفذ) أرجو أن تعذرني.. لقد أخطأت بحقك... أرجو أن تسامحني.

القنفذ: أرجو أن تسامحني أيضا... (يتوجهون إلى الأطفال) أرجو أن تساعدني وأساعدك حتى نعيش سعداء... وأصدقاؤنا سوف لن يخطئوا فيما بعد بل سوف يتعاونون معنا جميعا.

(يمكن أن تنتهي المسرحية بأغنية مشهورة للأطفال أو نشيد من الأناشيد المناسبة).

مثـال تطبيقـي
على النص المسرحي المناسب
للمرحلـة الأساسية العليـا

مسرحيــة: ذكـاء القاضــي [1]:

أشخاص المسرحية:

(1) هارون الرشيد	الخليفة العباسي
(2) جعفر البرمكي	(الوزير)
(3) علي كوجيا	(تاجر بغدادي)
(4) حسن.	(تاجر بغدادي)
(5) عمر.	(ولد ذكي يمثل القاضي)
(6) خالد.	(ولد يمثل علي كوجيا)
(7) طارق.	(ولد يمثل التاجر حسن).
(8) أسامة.	(ولد يمثل الحاجب)
(9) زيد.	(ولد يمثل بائع زيتون) "رقم 1"
(10) مضر.	(ولد يمثل بائع زيتون) "رقم2".

[1] (المسرحية من تأليف: مريم نعمة علي آل داود- مطبوعات الرئاسة العامة لرعاية الشباب – الرياض- السعودية, بدون تاريخ نشر).

الفصل الأول:

(يمثل المنظر أحد أحياء بغداد في زمن الخليفة هارون الرشيد الخليفة العباسي).

عمر- خالد- طارق- أسامة- مضر- أولاد يلعبون في أحد الأزقة قرب بيوتهم.

عمر: (ينادي) ايها الرفاق! تعالوا!!! تعالوا!!!

الاولاد: ماذا ياعمر، ماذا؟

عمر: هل لكم في لعبة جميلة نقطع بها وقتنا؟

الاولاد: لعبة جملية وما هي يا عمر؟

عمر: كلنا يعرف قصة علي كوجيا مع صديقه المخلص الأمين التاجر حسن فما رأيكم لو نقوم نحن بتمثيل القصة؟

خالد: فكرة بديعة...

طارق: وقصة طريفة يتحدث بها الخاص والعام في بغداد..

اسامة: هيا بنا نمثلها.. هيا بنا..

عمر: هل انتم موافقون؟

الاولاد: كل الموافقة...

عمر: فلنبدأ إذن... انت يا خالد تمثل علي كوجيا لأنك اكبرنا سناً..

وأذلقنا لساناً..

خالد: كما تشاء ياعمر.

عمر: وانت يا طارق تمثل التاجر حسن صديق علي كوجيا..

طارق: اعفني باللـه عليك.. اعفني..

عمر: ولماذا؟

طارق: اني اكره ان امثل هذا الدور لأنه بغيض الى نفسي.

عمر: انه بغيض الى كل منا، ولكن نحن اولاد نحب التمثيل ونريد ان نقطع الوقت بتمثيل حادثٍ حقيقي طريف.

طارق: موافق يا عمر.. موافق.

اسامة: وانا يا عمر؟

عمر: وانت يا اسامة كن حاجب المحكمة لأن صوتك اجش ولهجتك خطابية.

اسامة: (ضاحكاً ومنادياً) محكمة؟!... محكمة؟!... حاضر ياعمر.. حاضر.

عمر: اما انتما يا زيد ويا مضر فإنتظرا حتى ابعث في طلبكما.

زيد: وهل ستكون القاضي يا عمر؟

عمر: اذا سمحتم بذلك يا رفاق.

الاولاد: موافقون.. موافقون.

عمر: والآن تعالوا نعد غرفة المحكمة. اين الديوان الوثير الذي سأجلس عليه؟

خالد: ليس لك الا ان تجلس على هذه الدكة المرتفعة.

تفضل ياامولانا القاضي تفضل!

عمر: (يصعد الى الدكة).. ويتطلع في الحضور يمنة ويسرة ويتظاهر بانه يمسك لحيته بيديه ثم يتنحنح ويقول):

ايها الحاجب.. اعلن افتتاح الجلسة.

اسامة: (صارخا) محكمة!.. التاجر حسن!!. التاجر!!.

علي: (داخلاً) ... مولاي.. مولاي.

عمر: من انت يا هذا؟

علي: انا يا مولاي عبدك علي كوحيا.

عمر: وما الذي تشكوه من صاحبك حسن؟

علي: أيأذن لي مولاي ان اقص عليه قصتي؟

عمر: تفضل.

علي: انني يا مولاي تاجر من بغداد افيء تحت ظل خليفتنا هارون الرشيد اطال اللـه بقاءه. وفي احدى الليالي رأيت حلماً عجيباً.

عمر: وما ذاك الحلم؟

علي: رأيت شيخاً ذا هيبةٍ ووقارٍ يقول لي: عليك بالرحيل من هذا البلد الى مكة مع الحجاج.

عمر: وبعد, وبعد؟

علي: وبعد ياَمولاي تكرر الحلم نفسه في الليتين التاليتين. وعندها قررت ان أؤدي فريضة الحج.

عمر: هذا واجب على كل انسان يا بني ان استطاع الى ذلك سبيلاً.

علي: فقمت على الفور وبعت حانوتي واجرت داري وجهزت نفسي للسفر ولم يبق علي الا ان اودع ما تبقى معي وهو مبلغ الف دينار عند رجلٍ امينٍ فلم ارى خيراً من صديقي حسن..

عمر: نعم الصديق صديقك حسن!

علي: فأحضرت جرة كبيرة وضعت فيها المال ثم املأتها بالزيتون وأخذتها الى صاحبي حسن وقلت: ان الصداقة المتينة بيني وبينك تدعوني ان اودع عندك جرة الزيتون هذه حتى اعود من مكة بعد الحج.

عمر: اتراه يقول الصدق يا حسن؟

التاجر حسن: نعم يامولاي.. فاني اخذت منه الجرة وقلت له: سأحفظها لك عندي حتى تعود من سفرك فأردها اليك وانا شاكر لك حسن ظنك بي وفوق ذلك..

عمر: وفوق ذلك ماذا؟

التاجر حسن: وفوق ذلك اعطيته مفتاح حانوتي وسألته ان يضعها في المكان الذي يروقه.

عمر: وبعد يا علي؟

علي كوجيا: وبعد يا مولاي سرت مع القافلة الى الحج وبعت البضائع التي احضرتها من بغداد وخطر لي ان اسافر الى مصر. فعقدت العزم وسافرت.. وظللت اطوف من مكان الى مكان ومن بلد الى بلد حتى عدت الى بغداد بعد اعوام سبعة.

عمر: قصة طريفة يا علي كوجيا.

علي كوجيا: ولما استقر بي القرار ذهبت لرؤية صديقي حسن. فما كاد يراني حتى هش لي وبش. وهنأني بالرجوع. وعندما سألته عن الجرة سلم الي المفتاح، فأخذت جرتي وذهبت الى الفندق وفتحتها، ويا لهول ما رأيت!

عمر: وماذا رأيت؟

علي كوجيا: رأيت زيتوناً بدلاً من الف دينار.. فصعقت وعدت راجعاً الى صديقي حسن ألاطفه وألاينه عله يعيد الي نقودي فانكر الجريمة..

عمر: وانت ماذا تقول يا حسن؟

التاجر حسن: اطال اللـه عز مولانا القاضي, لما جاء يلصق بي هذه التهمة الشنيعة قلت له: هل رأيتني مسست جرتك حين احضرتها الي؟ ألم اعطيك المفتاح لتضع جرتك في المكان الذي تريده؟ وعندما رجعت ألم تجدها في المكان نفسه؟ ألم تخبرني ان فيها زيتوناً فكيف تدعي انها تحوي ذهباً؟ وانا اقسم باللـه ان شئت..

عمر: لا تقسم باللـه يا رجل فلسنا محتاجين الى قسمك (مخاطباً علي كوجيا) اين جرة الزيتون يا علي كوجيا؟.

علي كوجيا: ها هي ذي يا مولاي.

عمر: (يذوق الزيتون).. ما احسن هذا الزيتون.. انه زيتون فاخر جداً فكيف بقي سبع سنوات ولم يفسد؟ قل الصدق يا حسن والا..

عمر: (للحاجب).. ايها الحاجب؟

الحاجب: مولاي؟

عمر: ادع تاجرين من تجار الزيتون.

(يدخل الصبيان، زيد ومضر، وهما يمثلان تاجري زيتون).

عمر: أأنتما من تجار الزيتون.

زيد ومضر: (التاجران معاً) نعم يا مولانا القاضي.. نحن من تجار الزيتون.

عمر: (لزيد) ايها التاجر كم سنة تستطيع ان تحفظ الزيتون من التلف؟

زيد: اني لا أستطيع ان احفظ الزيتون اكثر من العام الثالث مهما بذلت من جهد.

عمر: ولماذا؟

زيد: لأنه يتلف ويصبح لا لون له ولا طعم ويعود غير صالح للأكل.

عمر: وانت ايها التاجر ماذا تقول؟

مضر: ان ما قاله زميلي لعين الصواب يا مولاي..

عمر: انظرا الى هذا الزيتون وخبراني كم مكث في هذه الجرة؟

زيد: (يتذوق الزيتون) ان الزيتون يا مولاي لم يوضع في الجرة الا منذ برهة وجيزة.

مضر: (يهز رأسه علامة موافقة) وانا اؤكد انه من زيتون هذا العام يا مولاي.

عمر: اظنكما مخطئين فان علي كوجيا يقول انه وضع الزيتون في الجرة قبل سبع سنوات.

زيد: نحن واثقان من قولنا.

مضر: احضر من تشاء يا مولاي من تجار الزيتون في بغداد واسألهم فلن يختلف منهم احد في ان هذا الزيتون لم يوضع في الجرة الا هذا العام.

التاجر حسن: مولاي انهما كاذبان في ما يدعيان.

عمر: اخرس ايها الشقي، لقد برح الخفاء وظهرت الحقيقة، ايها الشرطة اقبضوا على التاجر حسن واصلبوه جزاء خيانته.

(يهجم الاولاد على صديقهم طارق ويتظاهرون بانهم يصلبون وهم يصيحون).

الاولاد: اصلبوه.. اصلبوه.. اصلبوا الخونة والماكرين..

(وفي اثناء هذا الهرج والمرج يدخل الخليفة هارون الرشيد بصحبة وزيره جعفر وكانا قد سمعا كل شيء وشاهدا كل شيء وينتحيان ناحية).

هارون: (لجعفر).. ماذا ترى في ذكاء هذا الطفل بعد ان رأيت ما رأيت وسمعت ما سمعت يا جعفر؟

جعفر: انا مندهش جداً يا امير المؤمنين من ذكائه ومعجب كل الاعجاب بمحاكاته دور القاضي.

هارون: هل تعلم يا وزيري ان علي كوجيا قد رفع شكواه.. واني سأقضي فيها غداً.

لقد اوحى الي هذا الطفل بالطريقة التي اسلكها في القضاء بين التاجر حسن والتاجر علي كوجيا، ادعه يا جعفر.

جعفر: كما يشاء امير المؤمنين.. تعال يا هذا (يبتعد الاولاد بعضهم عن بعض وهم يتطلعون الى هارون الرشيد ووزيره) تعال ايها الغلام!

هارون: تعال يا ولدي.. ادن مني ولا تخف.

خالد: تجار! تجار!

جعفر: اتخاف التجار يا بني؟

خالد: نعم.. اني اخاف الاعيبهم وحيلهم.

جعفر: ولماذا؟

علي كوجيا: لأن قصة علي كوجيا مع صاحبه التاجر حسن قد اصبحت حديث الخاص والعام.

جعفر: ولكن ليس كل التجار سواء, أنأخذ البريء بجريرة المجرم؟

طارق: يجب ان يأخذ الحق مجراه.

هارون: (لعمر) ما بك تتفرس فينا يا بني؟

عمر: انتم لستم تجاراً.

هارون: كيف؟ الا تعرف زي التجار؟

عمر: اعرفه جيداً ولكن هيئتكما تدل على العظمة والنبل, ولئن صدق ظني لتكونان..

هارون: من يا بني من؟..

عمر: لتكونان امير المؤمنين هارون الرشيد ووزيره جعفراً.

هارون: (ضحاكاً) او يخرج امير المؤمنين دون حاشيته وجنده؟

عمر: ان الملك العادل يامولاي لا تحوجه الجند لتحرسه، ان كل فرد من افراد الرعية يفدي امير المؤمنين, ويضحي بكل غال ورخيص في سبيل الخليفة الذي يسهر على مصالح رعيته.

هارون: ما اسمك يا بني؟

عمر: عمر يا مولاي، وانت ألست امير المؤمنين وهذا وزيرك جعفر؟

هارون: بلى.. لقد اعجبني حكمك في قضية علي كوجيا والتاجر حسن.

ولكنك في غدٍ ستحكم بين علي كوجيا نفسه والتاجر حسن صاحبه.

الاولاد: (بدهشة) امير المؤمنين!.. امير المؤمنين!.

عمر: لقد صدق ظني!.. لقد صدق ظني.

هارون: ستجلس إلى جانبي غداً لتقضي قضاءك العادل وسنرسل في طلب القاضي الذي برأ ساحة التاجر حسن حتى يلقن درساً في القضاء العادل.

جعفر: فاستعد يا بني للغد وانتظر حتى ابعث رسولاً في طلبك..

عمر: كلنا فداء أمير المؤمنين، الخليفة العادل!.

هارون: السلام عليكم.. وهاكم صرة من الدراهم اقتسموها بينكم بالسوية.

الأولاد: كلنا فداء امير المؤمنين! كلنا فداء خليفتنا العادل!.

ليحيى هارون الرشيد خليفتنا العادل!.

(يخرج هارون الرشيد بصحبة جعفر يأخذ الأولاد في فتح الصرة وهم ينظرون إليها بكل رغبة ملحة).

(وفي أثناء ذلك يسدل الستار).

الفصل الثاني:

في قصر الخليفة: هارون الرشيد يجلس على كرسي الحكم. يجلس على يمنيه عمر قاضى الأطفال وعن يساره القاضي الذي برأ التاجر. كما أمر بإحضار علي كوجيا وصاحبه التاجر حسن وتاجري الزيتون).

هارون: الآن يأخذ العدل مجراه.. أما أنت يا علي كوجيا فلا حاجة إلى سرد قصتك لأننا اطلعنا على كلامك من العريضة التي قدمتها لنا بالأمس..

واما أنت أيها التاجر حسن فهات ما عندك.. اذكره أمام القاضي الصغير عمر..

حسن: اني بريء يا مولاي!.. بريء من التهمة التي ألصقوها بي!.

عمر: وما حجتك في ذلك؟

حسن: اقسم يا مولاي اني.

عمر: لا حاجة بنا إلى قسمك أيها الرجل، أين جرة الزيتون فاني أريد أن أراها؟

علي كوجيا: ها هي ذي يا مولاي القاضي.

عمر: أهذه هي جرة الزيتون التي أستودعك إياها صاحبك علي كوجيا قبل سفرة أيها التاجر؟

حسن: نعم، هي عينها.

عمر: اطلب من مولانا خليفة المسلمين أن يتذوق الزيتون.

هارون: ولم يا عمر؟

عمر: حتى يتأكد مولانا من أن الزيتون جديد.

هارون: (يتذوق الزيتون) أيها التاجران متى تقولان أن الزيتون وضع في هذه الجرة؟

التاجر(1): (يتذوق) إن هذا الزيتون يا مولاي لم يوضع في الجرة إلا هذا العام. **هارون:** وأنت أيها التاجر ماذا تقول؟

التاجر(2): أوافق على ما قاله زميلي.

هارون: اكمل يا عمر.. اكمل.

التاجر(2): نحن لا نشك في ذلك..

عمر: يقول علي كوجيا انه وضع زيتونه في هذه الجرة منذ سبع سنوات فكيف تقولان أن هذا الزيتون قد وضع في هذا العام؟

التاجر(1): لابد أن الزيتون القديم قد استبدل به الزيتون الجديد.

التاجر(2): هذا ما جرى تماماً.

حسن: مولاي مولاي.. العفو العفو.

هارون: أتعترف بجريمتك يا هذا؟

حسن: فليسعني حلمك يا أمير المؤمنين، فلسيعني حلمك.. حلمك.. آهٍ.. زوجتي... زوجتي!

هارون: وما دخل زوجتك في الأمر؟ قص علينا ما حدث بالتفصيل.

حسن: كنت يا مولاي ذات ليلة أتناول العشاء مع زوجتي وجر الحديث بعضه بعضاً، فقالت زوجتي: إن نفسي تشتهي الزيتون.. وقد نفذ من زمن طويل من البيت..

فقلت: لقد ذكرني كلامك الآن بصديقي علي كوجيا الذي ترك عندي جرة زيتون قبل أن يسافر إلى مكة.

هارون: حديث طريف لعمري وبعد يا هذا.. وبعد؟

حسن: وبعد يا مولاي قلت لها أني سأحضر لها جرة الزيتون التي تركها عندي علي كوجيا أمانة.

هارون: وهل وافقتك زوجتك على صنيعك؟

حسن: كلا يا مولاي كلا.. فقد غضبت زوجتي غضبة مضرية وقالت: أما زيتون علي كوجيا فلا أريد أن آكل منه شيئاً واني أحذرك ان تمس زيتونه الذي أودعك إياه أمانة. فانك إذا أخذت منه شيئاً تكون خائناً.. ولست أرضى لك ذلك أبدا.

هارون: يا لها من امرأة فاضلة.. ثم ماذا؟

حسن: ثم بينت لها انه مضى على سفر صديقي علي كوجيا سبع سنوات دون ان يرجع ولعله مات في الطريق فلم يعجبها قولي.

هارون: وكم في النساء من فضليات أديبات.

حسن: وقامت غاضبة.. وهي تقول: وما يدريك لعله يرجع غداً؟ وماذا يقول الناس إذا علموا انك خنت صديقك؟ وانك أن خنت الأمانة أغضبت الله وفضحت نفسك بين الناس.. فلا تقدم على هذا العمل الممقوت.

هارون: نصيحة في محلها ولكن لم تعرها التفاتاً.. أليس كذلك؟!

حسن: لقد وسوس إلي الشيطان أن افتح جرة الزيتون فلم اعر كلمات زوجتي أذناً صاغية وتوجهت تواً وفتحت الجرة ووجدت الزيتون تالفاً؟

هارون: أتسمع يا عمر ما يقول هذا التاجر الخائن من أن الزيتون كان تالفاً؟

عمر: بلى يا امير المؤمنين.

هارون: اكمل.. اكمل..

حسن: فأردت أن أتأكد من أن جميع الزيتون تالف فأملت الجرة فسقط الزيتون في الطبق الذي أحضرته وسقطت معه بضعة دنانير فأحدث سقوطها رنيناً في الطبق.

هارون: بل قل احدث سقوطها رنيناً في نفسك..

حسن: وعندها يا مولاي استولت علي الدهشة والحيرة وقربت رأسي من الجرة وأخذت انظر فرأيت بقية الدنانير التي وضعها علي كوجيا فعدت إلى امرأتي وقلت: الحق معك فقد وجدت الزيتون فاسداً وقد سددت الجرة كما كانت.

هارون: وماذا كان جواب تلك المرأة الفاضلة؟

حسن: قالت: ليتك صدقت كلامي ولم تفتح الجرة واني أدعو اللـه أن يغفر لك هذه الخطيئة التي أتيتها بلا عمد ولا روية.

هارون: وهل تفهمت حقيقة ما قالت؟

حسن: كلا يا أمير المؤمنين. نمت ليلتها وأنا احلم أحلاما حلوة عذبة، وما طلع الصبح حتى خرجت من بيتي إلى السوق واشتريت زيتوناً وعدت إلى لمخزن وفتحت لجرة وبدلت الزيتون القديم بالزيتون الجديد.

هارون: هل انتهيت من قصتك يا هذا؟

حسن: ومر شهر على هذه الحادثة ثم عاد علي كوجيا من سفره الطويل إلى بغداد.

هارون: فلم يجد نقوده ولا زيتونه ووجد زيتوناً جديداً عوضاً عنه.. أليس كذلك يا خائن؟ أتخون الصديق وقد إئتمنك؟.

حسن: الرحمة!... الرحمة يا أمير المؤمنين!! الرحمة!.

هارون: لا رحمة ولا شفقة للذين يعيثون فساداً في الأرض ويخونون أمانات الناس ويزيدون في متاعب الإنسانية.. يجب أن يأخذ العدل مجراه.

حسن: مولاي.. ارحمني يرحمك الله.

هارون: أن الحكم لهذا الصبي الذكي.

عمر: مولاي.. لقد كنت امزح مع أصحابي ليلة أمس حين أصدرت حكمي. أما اليوم فالأمر جد لا هزل. وليس لي الحق في أن اصدر حكماً يقضي بحياة رجل أو موته والأمر إليك يا أمير المؤمنين.

فاحكم بما تراه فان شئت أمرت بصلبه وان شئت عفوت عنه.

هارون: وهل نعفو عن إنسان يخون عهد الناس ولا يصون حقوقهم.. يجب ان يكون عبرة لمن يعتبر.

حسن: لقد ندمت يا مولاي!.. ندمت!!

هارون: ندمت حيث لا ينفع الندم لا أريد أن يكون في بغداد رجل مثلك. يجب ان يسود السلام والصدق والأمانة جميع أرجاء مملكتي! فالظلم طبع في نفوس الناس والعدل خلق في بني العباس.

ولهذا حتى يستقر الأمن, ويسود الوفاء بين الناس.. فقد امرنا بصلبك.

أما أنت يا عمر فخذ هذا الكيس وفيه ألف دينار مكافأة لك على ذكائك.

علي كوجيا: يحيا العدل!.. يحيا العدل!..

التاجران: يحيا العدل!.. يحيا!!.. يحيا!!.

عمر: وليحيى أمير المؤمنين رمز الحكمة والوفاء والعدل!. (النهاية)

مثال تطبيقي
على النص المسرحي المناسب للمرحلة الثانوية
مسرحية: وامعتصماه![1]

الشخصيات:

1- المعتصم: الخليفة العباسي.

2- الافشين: قائد جيش المعتصم.

3- الحبيب بن اوس الطائي.

4- يتوفيل: إمبراطور الياطي: كبير قواد الروم.

5- قسطنطين: أحد القواد الروم.

6- يتودور: قائد ثان من قواد جيش الروم.

7- الدليل: رجل من زبطرة.

8- كبير المنجمين: في سامراء.

9- حاجب: عند المعتصم.

10- بازيل: رسول ملك الروم إلى المعتصم.

11- حارسان: من حرس المعتصم.

[1] المسرحية من تأليف: عبد الرحمن زيد ثابت - مطبوعات الرئاسة العامة لرعاية الشباب- الرياض- السعودية, 1416هـ-

الفصــل الأول:

المنظر: (قصر الخلافة في سامراء، حيث يجلس الخليفة العباسي "المعتصم" على كرسي الحكم، والى يمينه الافشين كبير قواده.... والى شماله الشاعر أبو تمام).

المعتصم: (واقفاً وقد استبد به الغضب) شيء لا يحتمل اتباع بابك الخرمي يتحالفون مع الروم وعلى رأسهم نصر الخائن.. شيء لا يطاق.

أبو تمام: إن ثغورنا تعاني من هذا التحالف المقيت.

المعتصم: (بغضب) إن نفسي لن تهدأ ما لم نضربهم ضربة لا تقوم لهم بعدها قائمة.

الافشين: نعم فقد كثرت غاراتهم على حدودنا هذه الأيام يا مولاي المعتصم.

المعتصم: ظنوا بنا الضعف فراحوا يهاجموننا.

الافشين: مرنا وستجدنا عند حسن ظنك.

المعتصم: أمن الدولة من أمن أهلها يا أفشين، ولا بورك في دولة لا تدفع الظلم عن أهلها.. ألا تراني محقاً يا أبا تمام.

أبو تمام: كل الحق يا مولاي المعتصم.

(يسمع صوت عال آت من خارج المسرح).

الصوت: وامعتصماه (وتظهر الدهشة على الجميع).

المعتصم: احسب أني اسمع صوتاً.

الصوت: أدركنا يا أمير المؤمنين، فقد أبيحت الديار، وسبيت الحرائر.

المعتصم: (يثبت من مكانه ويصرخ) ما الخبر؟ هلم أفشين.(يدخل رجل بثياب ممزقة وحالة يرثى لها، وقد ظهرت عليه بوادر الإعياء والتعب).

الرجل: عفوك يا مولاي.

وامعتصماه... وامعتصماه.

صرخة من امرأة مسلمة مستضعفة.

المعتصم: افصح يا رجل... لا داعي للوصف والتعليق قل لي ممن كانت تستنجد؟ وماذا ألمّ بها؟

الرجل: علمت يا مولاي أنها بالسوق تساوم رومياً في سلعة وحاول ان يتطاول عليها. فلم يستطع. فأغلظ لها فردت عدوانه بمثله فلطمها على وجها لطمة قاسية فصرخت مستنجدة بك يا مولاي وامعتصماه.. وامعتصماه.

المعتصم: (بصوت فيه الكثير من التأثر والصدق) لبيك.. لبيك، لا كان المعتصم ان لم يرد ضيمك يا أخت العرب!

الافشين: لبيك يا أمير المؤمنين (يتقدم) أرواحنا فداك... فأومئ بما تشاء.

المعتصم: بلغ السيل الزبى.. لأخرجن في أولكم يا أفشين ولأنصرن امرأة من رعيتي هتفت باسمي.

الافشين: نحن نكفيك ذلك يا أمير المؤمنين.

المعتصم: لا كنت اميرهم؟ ان لم أدافع عنهم!!

(يخلو لنفسه وقد شخص بصره إلى الأفق البعيد).

ومن رعى غنمـاً في ارض مسبعه... ونام عنها تولي رعيها السبع (يخطو باتجاه الزبطري خطوات حتى حاذاه... يربت على كتفه بعطف، ثم يتجه إلى الافشين نحو النفير يا أفشين(يتجه الافشين نحو الباب يهم بالمغادرة فيناديه المعتصم).

أسرع أيها القائد... لا أريد لشمس هذا النهار أن تغيب دون أن أكون قد حزمت أمري!

(يتراجع باتجاه المعتصم) ألا تريد أن تأنس برأي المنجمين يا مولاي؟

المعتصم: اتخذت قراراً، ولن أتراجع عنه.

كما تشاء سيدي (ينطلق) وان كنت أرى انه لا ضرر من سؤالهم.

المعتصم: لا بأس يا أفشين، ادع لي كبيرهم ولنسأله في أمر الخروج.

(يخرج الافشين... يعود المعتصم إلى كرسيه وقد عاوده الهدوء ويلاحظ أبا تمام فيبتسم وهو يغمغم).

أبو تمام: كذب المنجمون ولو صدقوا.

المعتصم: ما قلت يا أبا تمام؟

أبو تمام: لا شيء يا مولاي... أخشى ان تكون نجومهم لا تحب الحرب!

المعتصم: عندئذ سأجعلها تهوي فوق رؤوسهم لترجمهم كالشياطين.

أبو تمام: أيأذن لي مولاي بالانصراف؟

المعتصم: بل سأكلفك بمهمة.

أبو تمام: سمعاً وطاعة.

المعتصم: انطلق وادع قاضي سامراء ليلاقيني في دار العامة فأشهده على وصيتي.

أبو تمام: أما من بد لخروجك يا مولاي؟

المعتصم: وهل ترضى لي ان لا اخرج؟ ويتوفيل كلب الروم يعيث فساداً في الديار؟!

أبو تمام: دع أمر تأديبه لرجالك، وابق هنا. فسامراء تحتاجك.

المعتصم: إن أمن سامراء من أمن زبطرة، ولأرين الرومي مني العجب العجاب، هيا يا أبا تمام جهز نفسك لمرافقتي.

أبو تمام: حالاً، (يخرج أبو تمام ويبقى المعتصم، وبين يديه الرجل الزبطري وقد غفل الخليفة عنه).

المعتصم: (يخاطب نفسه) وهل هان امرنا لهذه الدرجة.

الرجل الزبطري: لا يا مولاي، ولكنها غفلة خالسك بها ذئب الروم.

المعتصم: طب نفساً يا أخا زبطره، فوالذي نفسي بيده لاثأران لكم ثأراً يروع الروم إلى الأبد.

الرجل الزبطري: انه لشرف عظيم يا مولاي، ووالله ما رغبت في النجاة إلا لأصل إليك ولولا ذلك لفضلت الشهادة.

المعتصم: ما فعلته عين الصواب.. ولكن قل لي: أي بلادهم امنع؟

الرجل الزبطري: عمورية يا مولاي، فهي بلد "يتوفيل" إمبراطورهم وقاعدة عزهم وهي أعظم عندهم من القسطنطينية نفسها.

المعتصم: إلى عمورية إذن أيها الدليل.

(يدخل الافشين، معه كبير المنجمين..)

الأفشين (مخاطبا الزبطري): هيا ونل قسطا من الراحة فان أمامك سفراً طويلاً.

(يخرج الزبطري.. ويبقى الافشين وكبير المنجمين واقفين): ها هو كبير المنجمين يا مولاي(يشير إلى الرجل كبير المنجمين الذي معه).

المعتصم: (يبتسم متجهاً إلى الرجل)، ماذا تقول نجومكم أيها المنجم.

كبير المنجمين: اسألها وستجيب.

المعتصم: ما رأيها في دك عمورية؟

كبير المنجمين: (يشخص ببصره برهة ثم يتكلم) اختر غيرها من بلاد الروم يا مولاي.

المعتصم: لا أريد غيرها.

كبير المنجمين: تمهل إذا ريثما يوغل الصيف

(ويصمت وهو محدق في الأرض).

المعتصم: قل ما تعرفه يا رجل فليس لدي وقت.

كبير المنجمين: ستمكث عند أسوارها مليا.

المعتصم: إلى متى؟

كبير المنجمين: ريثما ينضج التين والعنب.

انضج الله جلودكم، أغرب عن وجهي وتسلّ عن هذا العلم بما شئت فقد صدق أبو

تمام.

(يرتجف كبير المنجمين من الخوف.. ويلتفت المعتصم الى الافشين).

المعتصم: هيا فانقش اسم عمورية على تروس الجنود، وامر بكتابته على الرايات والأعلام.

الافشين: (باستغراب ودهشة) عمورية؟!

كبير المنجمين: اختر غيرها يا مولاي.

المعتصم: (يلتفت إلى المنجم بغضب) إلا زلت هنا؟ قلت لك اغرب ولا ترني وجهك أيها الجبان.

الافشين: (بينما يندفع الرجل خائفا نحو الباب) لم يقل الرجل إلا ما علم.

المعتصم: ما هي إلا أوهام أملاها عليك الخوف، فإن كنت أنت من رايه فسأخرج بدونك.

الافشين: معاذ اللـه يا أمير المؤمنين.

المعتصم: دع الجدال وهلم معي، فالوقت لا يحتمل والهاشمية تدعوني... وها أنا قادم يا أختاه... (يتجهان نحو الباب).

الفصـل الثانـي:

المنظر: (حجرة في عمورية حيث يجتمع يتوفيل إمبراطور الروم بياطي كبير قوّاده وقسطنطين أحد القادة البارزين، والخوف باد على وجه الجميع... تفتح الستارة بينما يخيم الصمت على المسرح وقد وقف القائدان واجمين في حين راح يتوفيل يذرع الغرفة جيئة وذهاباً)..

يتوفيل: احسب أننا وقعنا في مأزق!

ياطي: لا أظن ذلك يا سيدي الإمبراطور.

يتوفيل: وماذا تظن إذا أيها القائد ياطي؟

ياطي: أظن أننا أوقعناهم ونحن داخل الشرك؟ إننا نحن المحاصرون يا كبير قوادي، ما رأيك أن يا قسطنطين؟

قسطنطين: الرأي ما تراه أيها الإمبراطور العظيم، وان كنت أميل إلى رأي ياطي.

يتوفيل: وما الذي جعلك ترجح رأيه؟

قسطنطين: لقد أوغل المعتصم ورجاله في ارضنا، وابتعدوا عن مصادر إمدادهم وما أخالهم إلا هالكين.

يتوفيل: أنكما تحلمان فلا تتفاءلا كثيراً.

ياطي: كل ما نحتاجه هو الصبر بعض الوقت، وسترى بأم عينك ما تؤول اليه النتيجة.

قسطنطين: بدأت معداتهم تتلف، فقد تحطم اهم منجنيقان.

يتوفيل: بل قل تحطمت اسوارنا، وستنهار عما قليل.

ياطي: لم أرك في مثل هذا التشاؤم من قبل؟!

يتوفيل: او تريدني ان ارقص كالديك المذبوح.

ياطي: بل نريد منك التشجيع، فعزمنا من عزمك.

يتوفيل: ولا أرى فيكم من يبشر بخير.. خمسون قائداً ولم يفلح واحد منكم في خطة تبعد عنا هذا الحصار الخانق.. حتى يتودور ذلك الذي كنا نسميه القوي لم يفعل شيئاً؟!

قسطنطين: سترى منا ما يثلج صدرك.

يتوفيل: تأخر يتودور كثيراً، ألم تبلغوه بالاجتماع؟

قسطنطين: أرسلت في طلبه، وكان على الأسوار يتابع المعركة.

يتوفيل: معركة؟ أوتقول معركة.. ما هي الا مذبحة جرنا اليها ذلك المارق "نصر".

ياطي: انه يقاتل معنا يا سيدي، ورجاله مخلصون في تعاونهم.

يتوفيل: اخاف ان يكون جاسوساً.

ياطي: لا اظن لك.

يتوفيل: ذلك لأنك مغرور، والغرور ينفي الحقيقة لأنه قائم على الوهم.

قسطنطين: لقد كان اشد عداء منا للمسلمين في زبطرة واكثر فتكاً فيهم.

يتوفيل: هذا ما يخيفني يا قسطنطين، فمن يخن قومه تسهل عليه خيانة غيرهم.

ياطي: تورط معنا، ولم يستطع التراجع.

يتوفيل: اين هو الان اريده ان يحضر لعله يفيدنا في شيء(الى قسطنطين) ابحث عنه يا قسطنطين وآتني به.

(يخرج قسطنطين ويبقى يتوفيل صامتاً وقد ذهل عن ياطي الذي يقترب من ملاطفاً).

ياطي: مولاي... انها عمورية.. الا تعني لك عمورية شيئاً؟

يتوفيل: انها تعني الكثير يا ياطي.. انها مسقط رأسي.. انها طفولتي واحلام صباي..و..

ياطي: سندافع عنها حتى الموت.

يتوفيل: ومن سيدافع عنها بعد ان نموت؟! ليت المعتصم يقبل الصلح ولو بأقسى الشروط.

ياطي: وهل عرضت عليه ذلك؟

يتوفيل: (يتذمر) اريد يتودور.. اين هو يتودور لقد تأخر؟

(يدخل يتودور خائفاً مضطرباً وقد ارتدي لباسه العسكري.. يلحمه ياطي فيقبل نحوه).

ياطي: يتودور؟!

(يتودور لا يلتفت اليه ويظل متجها نحو يتوفيل).

يتوفيل: أخيراً وصلت يا يتودور.. اين كنت؟

يتودور: كنت أراقب عودة رسولك يا سيدي.

يتوفيل: وهل عاد؟ لماذا لم تصحبه معك؟؟

ياطي: اتمنى ان لا يكون رسول صلح يا مولاي.

(ينظر اليه الامبراطور بغضب واستنكار).

يتودور: وماذا بوسعك ان تفعل غير الصلح يا عزيزي ياطي.

ياطي: الصلح يعني الهزيمة؟

يتوفيل: وسقوط المدينة ماذا تسميه؟

يتودور: وليتهم قبلوا الصلح!

ياطي: ماذا؟ هل رفضوه؟ انك تزف بشارة.

يتوفيل: (بمرارة) نعم بشارة.. بشارة سقوط عمورية.

واسفاه عليك يا عروس الروم.

يتودور: واين عمورية من زبطرة يا مولاي؟ كسرنا لهم بيضة فيريدون ان يعقروا لنا جملاً.

ياطي: اظن ان شروطهم كانت قاسية.

يتودور: عن اية شروط تتحدث يا هذا لقد رفض المعتصم مقابلة رسولنا.

يتوفيل: اين هو؟ ائتني به، اني اريد ان اسمع منه.

يتودور: (يتجه الى الشرفة) هو هناك.. على بعد ثلاثة اميال في تلك الخيمة.

يتوفيل: هذا يعني انهم اسروه؟

ياطي: وربما قتلوه، كان خيراً له ان يقتل في المعركة.

يتودور: هؤلاء قوم لا يغدرون، انه ينتظر الأذن له بالدخول وخليفتهم يمتنع عن مقابلته.

يتوفيل: لو اطلع على عرضنا فقد يقبل؟(ليتودور) وكيف حال الاسوار؟

يتودور: لقد دكت ودمرت بعدد حربية لم نرها من قبل .

ياطي: سندمرها عليهم.

يتودور: لم تستطيع نبالنا ان تؤثر فيها.

ياطي: الويل لهم.. انهم يصنعون حصان طرواده.

يتوفيل: ولكن لا خديعة.. عمورية طرواده هذا الزمن.. واسفاه ستلقى نفس المصير.

يتوفيل: ووجدناهم اقوى من أي عهد مضى.

يتودور: ظننا انهم مشغولون بصراعاتهم الداخلية والخلافات.

ياطي: وقد ثبت اننا نحن المختلفون، لا هم.

يتوفيل: دعك من هذا..وانظر هل عاد قسطنطين به؟

سأشرب من دمه.

قسطنطين: (يدخل مسرعاً) فات الاوان يا سيدي.. بحثت عنه فلم اعثر له على اثر.

يتوفيل: فعلها المجرم وهرب.

(صوت جلبة في الخارج.. يتجه الجميع الى الشرفة ويتزاحمون) (يسمع نداء الـله اكبر يتعالى ويقترب من الهتافات).

تيودور: المدينة تحترق.. يا الهي سقطت عمورية! سقطت عمورية!

يتوفيل: (بصوت عالٍ) الفرار ايها الرجال.

ياطي: بل القتال يا ابطال بيزنطة.

(يمسك يتوفيل بيد يتودور ويتجهان مسرعين نحو احد ابواب المسرح بينما يستل ياطي وقسطنطين سيفيهما ويتجهان نحو الباب الآخر).

الفصل الثالث:

المنظر: (خيمة واسعة من الحرير الموشى بالقصب، رفعت على مدخله الراية السوداء (راية العباسيين)، وفي داخل الخيمة يجلس المعتصم على كرسيه، وقد اشرق وجهه فرحاً بالنصر، وبين يديه وقف الافشين قائد جيشه، وقد امسك بورقة في يده).

المعتصم: وماذا بعد ايها القائد؟ وهل احصيتم الاسرى؟

الافشين: نعم يا مولاي، وها هي قائمة باسمائهم.

(يتقدم من الخليفة، ويناوله الورقة فينظر فيها المعتصم وهم يقلبها).

المعتصم: ياطي وقسطنطين في الاسر؟! الحمد لـله الذي منّ علينا بالنصر.

الافشين: دعنا نتعقب فلولهم يا مولاي، لعلنا ندرك كبيرهم بعد ان لاذ بالفرار.

المعتصم: نجاته اجدى من ان يموت، دعه يتجرع مرارة الهزيمة.
هيا ايها القائد واحضر لي هذين الاسيرين.

الافشين: ان جرح ياطي بليغ يامولاي.

المعتصم: ادع الطبيب كي يعالجه.. ولا تنس ان تحضرهما امامي، فاني اريد ان ارى منظرهما وهما مقيدان في الاغلال.

الافشين: كما تشاء يا سيدي.

(يخرج الافشين مسرعاً ويبقى المعتصم منفرداً بنفسه).

المعتصم: ولا يحيق المكر السيء الا بأهله.

(يدخل الحاجب..)

الحاجب: (لنفسه) وماذا يريد ذلك الذليل؟ (الى الحاجب) دعه يدخل.

(يدخل الرومي مطأطأ الرأس حتى يقف بين يدي الخليفة).

بازيل: خادمك بازيل سفير بيزبطة الى امير المؤمنين.

المعتصم: ما وراءك يا رجل؟

بازيل: احمل عرض امبراطورنا بالصلح.

المعتصم: ألم يكتف يتوفيل برسوله السابق؟

بازيل: أي رسول ذلك، وانت لم تأذن له بالمثول؟!

المعتصم: اما وقد ثأرنا لزبطرة فقد اذنّا لك.

بازيل: بالأمس كانت لنا عمورية، واليوم هي لكم.

المعتصم: واحدة بواحدة،... وعلى الباغي تدور الدوائر.

بازيل: والآن، هل هناك مجال للسلام؟

المعتصم: لا قبل ان تردوا اسرانا وعلى رأسهم المرأة الهاشمية.

بازيل: واسرانا؟ ان بينهم ياطي وقسطنطين وهو قريب سيدي الامبراطور.

المعتصم: اسرانا ابرياء آمنون، اما من ذكرت فقد أخذوا، والسيوف مشرعة في ايديهم.

بازيل: سوف نفتديهم بالمال.

المعتصم: لا حاجة لنا الى المال يا هذا.. كل ما نريده هو ان تسلموا لنا ذلك الخائن " نصر" ومانيل مجرم الحرب.

بازيل: اما عن نصر فقد اختفي وما نويل لا ندري اهو بين الفارين ام بين القتلى؟

المعتصم: اذن سنعود بهم الى بلادنا، ومتى استجبتم لطلبنا فتعالوا وخذوا اسراكم.

بازيل: يعني انكم موافقون على انهاء الحرب؟

المعتصم: ذاك لأننا لا نحب سفك الدماء.

بازيل: استأذنك بالأنصراف.. وسأنقل شروطكم لسيدي الامبراطور.

(يهم بالخروج متراجعاً الى الخلف بينما يسمع صوت من الخارج).

الصوت: هيا ادخلا.

(يدخل ياطي وقسطنطين قد ظهر عليهما الذل والانكسار والحارسان يسوقانهما بالحراب، ومن خلفهما الافشين متقلداً سيفه فيخلعه عند الباب ويدخل).

بازيل: ياطي..قسطنطين.. هنيئا على السلامة.. (يلتفتان جهة بازيل بتباطؤ)

ياطي: الفضل لطبيب العرب، فقد كان الجرح بليغاً.

قسطنطين: بازيل؟ ما وراك يا بازيل.. ؟ ارجوا ان تكون قد جئت من اجلنا.

بازيل: بل من اجل من تبقى من الرجال.

قسطنطين: ونحن.. الا نهمكم؟

بازيل: لعلك لا تعرف ان عدد قتلانا كان تسعين ألفاً؟!

قسطنطين: ارجوك يا بازيل.. دع الملك يسارع لإفتدائنا.

المعتصم: ويحك يا قسطنطين، وهل مللتم من ضيافتنا؟
(ساخراً) نتمنى لكم حسن الاقامة.

ياطي: (يصرخ متألماً) لماذا عالجتموني ؟ لم لا تقتلوني؟؟.

المعتصم: ما لروحك تتعجل الجحيم؟

ياطي: ما امر الهزيمة.

المعتصم: (الى بازيل): ايها الرسول هيا عد الى ملكك فهو يتنظرك.. اما هذان.. فسيزوران سامراء عما قريب.

ياطي: مولاي.. اقسم لك انني لم احارب في زبطرة، ولم اكن موجوداً هناك.

المعتصم: كنت تعارض الهجوم اذا؟

ياطي: هو كذلك.. نعم كذلك، وقد تخلفت.

المعتصم: ولم لم تختلف في عمورية، ولو فعلت لكنت من الناجحين.

ياطي: ليتني فعلت..

المعتصم: قبحك الله.. ظننتك شجاعاً قبل قليل، والآن لم ارى اجبن منك، (ياطي يطأطأ رأسه، ويلوذ بالصمت)..

المعتصم: هيا يا افشين.. خذ هذين، وضمهما الى باقي الأسرى.

الافشين: افهم انك اذنت بالرحيل يا مولاي.

المعتصم: اجل يا افشين، دع الجند يستعدون للعودة.

(يشير الافشين الى الحارسين بأن يخرجا)

الحارس الاول: (الى الاسيرين) هيا.

الحارس الثاني: تحركا (يومئ بحربته وهو يهزها باتجاههما).

(يتجه كل من ياطي وقسطنطين باتجاه المسرح يدفعها الحارسان).

قسطنطين: الرحمة يا مولاي.

ياطي: ولن نعود لحربكم ابداً.

المعتصم: مغفل من يأمن عدوه، والاحمق من يهادن افعى.

(يخرجون.. وتبتعد ضجتهم خارج المسرح).

الافشين: ابو تمام ينتظر اذنك بالدخول.

المعتصم: ليدخل اخوطي.

(يدخل الشاعر ابو تمام)

ابوتمام: هنيئا لك النصر يا مولاي، وبكم يظل لواء الاسلام مرفوعاً.

المعتصم: (الى ابي تمام) والان جاء دورك يا حبيب لقد أغمدنا سيوفنا.

ابو تمام: السيف اصدق إنباء من الكتب في حده الحد بين الجد واللعب

والعلم في شهب الارماح لامعة بين الخميسين لا في السعبة الشهب.

المعتصم: كذب المنجمون ولو صدقوا..

(يواصل ابم تمام انشاده).

ابو تمام: فتح الفتوح تعالى ان يحيط به

نظم من الشعر او نثر من الخطب

يا يوم وقعة عمورية انصرفت

عنك المنى حفلاً معسولة الحلب

المعتصم: انه يطيب فيه السماع.. ايه اخا طيء.

ابو تمام: تدبير معتصم بالله منتقم.. لله مرتقب في الله مرتغب.

المعتصم: ذاك تدبير رب العالمين يابن اوس.

ابو تمام: رمى بك الله برجيها فهدمها.. ولو رمى بك غير الله لم تصب.

المعتصم: الآن انصفت، فهات ما عندك..

(يقرأ ابو تمام جميع ابيات قصيدته)

المعتصم: لافض فوك يا ابا تمام. (النهاية).

أمثلة على وصف بعض الأزياء التاريخية
لبعض العصور المختلفة

إن الملابس في تلعب دورا هاما في العروض المسرحية, فهي تقوم مقام الشخصية, وتعتبر مؤشرا معادلا لها, وهي تدل على المناخ والبعد النفسي والاجتماعي للشخصية المسرحية[1].

الأزياء الإغريقية:

استخدم الإغريق الملابس التي تلتف حول الجسم, حيث كان النسيج يعطي جمالاً للملابس, وقد استخدموا النسيج المصنوع من الصوف والحرير والقطن.

أزياء الأطفال:

وهي عبارة عن قطعة من القماش مستطيلة الشكل تصل الى الركبة، ثم يلبس حزام فوقها لتصل الى منتصف الفخدين.

أزياء الرجال:

وهي عبارة عن قطعه قماش طويلة تصل من الكتف الى القدم، تثنى عند الوسط، ويصنع لها كمين، وتتم زخرفه هذه الملابس بالرسوم الإغريقية, وفي بعض الأحيان، يتم لبس العباءة الدائرية المصنوعة من الصوف أو الجوخ.

أزياء النساء:

وهي عبارة عن قطعة قماش مستطيلة تصل من الكتف إلى القدمين، وعرضها هو ضعف المسافة بين المعصم والمعصم الآخر، وأحياناً يتم ارتداء الحزام على هذا اللباس، واحياناً يتم عمل الأكمام له.

وقد لبست النساء العباءة فوق هذا اللباس، بالإضافة إلى ارتداء الحلي المزخرفة المصنوعة من الذهب[1].

الأزياء الفارسية:

ويتكون الزيّ الفارسي من (الصدار والرداء الكامل والمعطف)، حيث أن الصدار عبارة عن صديري له كُمّين طويلين ضيقين يصلان إلى المرفق مربوط بحزام مزركش.

والرداء الكامل عبارة عن مستطيل من القماش طوله ضعف طول الشخص من الكتف إلى القدم وعرضه هو المسافة من المعصم إلى المعصم الآخر، ويُطوى هذا الرداء بحيث يكون قصيراً من الجانبين وطويلاً من الأمام والخلف، ويترك منه فتحة للرأس وفتحتيت للذراعين.

أمّا المعطف: فكان شكله مثل العباءة التي توضع على الأكتاف بدون أكمام وتكون مفتوحةً من الجهة الأمامية[2].

---

[1] أنظر – ثريا سيد نصر وزينات أحمد طاحون، تاريخ الأزياء، عالم الكتب، مصر، 1996، ص (59-64)، (وسيشار اليه لاحقا بـ: ثريا سيد نصر وآخرون، تاريخ الأزياء).

[2] أنظر – محمد حسين جودي، تاريخ الأزياء القديم، ج1، ط1، دار صفاء للطباعة والنشر والتوزيع، الأردن، 1997، ص

الأزياء الرومانية:

وتتكون من (البت، الرداء الخارجي) حيث أن البتّ عبارة عن قميص من الصوف يصل حتى الركبتين ويترك منه فتحة للرأس وفتحتين للذراعين. وقد يكون هذا القميص بدون أكمام أو بأكمام تصل حتى المرفقين فقط.

أمّا الرداء الطويل: فهو عبارة عن عباءة نصف دائرية وتتكون من قطعتين تحاكان من الجانبين. أمّا طولها فكان مختلف حسب رغبة الناس وطبقاتهم وتترك منها فتحة للرقبة، وتُفتح فتحة أخرى من المنتصف تقريباً من جهة الأمام لتبقى مفتوحة وتثبت من تحت الرقبة بأزرار.

وتكون مصنوعة من الجلد أو الصوف لمختلف الطبقات غير أن الفلاحين كانوا يصنعونها من الجوخ.

وقد كان الجنود يلبسون فوق (البتّ) قميص آخر من الجلد مثبت عليه أشرطة جلدية, أمّا الضابط فقد كان يرتدي فوق القميص الجلدي سترة معدنية تسمى (الدرقة) عليها سلاسل حديدية وأصداف حديدية تشبه أصداف السمك تغطي بعضها بعضاً[1].

وقد استخدم الفرنجة المتأخرين الخوذة الحديدية ذات الأضلاع الرباعية والخناجر التي تعلّق على الحزام. أمّا الكهنة ورجال الدين المسيحي في العصر الانجليزي المتأخر الذي نشأ عن خليطٍ من قبائل الفرنجة التي كانت منتشرة حول روما قبل القرن الثامن الميلادي، فقد كانوا يلبسون العباءة نصف

[1] أنظر - تحية كامل حسين، تاريخ الأزياء وتطورها، دار نهضة مصر للطبع والنشر، مصر، بدون تاريخ نشر، ص(125-144),

الدائرية من الأمام والخلف، وتكون هذه العباءة مزيّنة بالصُلبان القماشية المثبتة على الصدر. ويلبسون تحتها قميصاً أصفر اللون طويل الأكمام ويصل حتى القدمين، ويلفوّن حول رقبتهم وأكتافهم منديلاً أصفر اللون[1].

الأزياء في العصر الجاهلي:

لباس العبيد:

كان لباس العبيد عبارة عن قطعة من القماش تستر الجزء السفلي من الجسم.

لباس السادة وعامة الناس:

كان عامة الناس يلبسون الصدار الذي يوضع له فتحة للرقبة وفتحتين للذراعين، كذلك كانوا يلبسون الثوب الذي يصل إلى القدمين ثم توضع عليه عباءة مستطيلة مزخرفة وطويلة تُلف حول الكتف الأيسر وتمرّ من تحت الأبط الأيمن والظهر.

أمّا الرأس فكان يُغطى بقطعة من القماش مستطيلة ثم يُربط حول الرأس قطعة أخرى مخالفة لها باللون, وقد كانوا يلبسون الحزام المصنوع من القماش أو الجلد فوق الثوب أو فوق العباءة والثوب معاً.

الأزياء في صدر الاسلام:

ويتكون من جلباب (ثوب) أبيض اللون غالباً له فتحة مستديرة عند الرقبة وله أكمام ضيّقة من الأعلى ومتسعة من نهايتها، ويُلبس على الراس

(1)

عمامة عبارة عن قطعة قماش بيضاء اللون ملفوفة على جوانب الرأس ويُلبس تحتها قطعة أخرى مخالفة لها باللون ذات شكل مستطيل.

أمّا الحذاء فكان عبارة عن حذاء جلدي يحتوي على سطح من الجلد وسيور جلدية أخرى تربط أجزاءه ببعضها.

وكذلك كانوا يلبسون العباءة فوق الثوب, وشكل هذه العباءة يشبه العباءة الموجودة الآن في وقتنا الحاضر، وغالباً ما تكون بدون نقوش أو زخرفة عندما يلبسها غالبية الناس بينما تكون مزخرفة بأشكال هندسية وجمالية عندما كان يلبسها الأغنياء، ويُلبس الحزام الجلدي على الثوب.

أمّا ملابس الحرب فكانت عبارة عن ثوب رقبته مستديرة وأكمامه ضيقة من الأعلى ومتسعه في نهايتها, ويكون هذا الثوب ضيّقاً نوعاً ما ويصل إلى تحت الركبتين، ويُلبس في الأرجل النعال الجلدية مختلفة الاحجام.

وكان الجنود يلبسون الحزام الجلدي على الثوب حيث كان يحمل هذا الحزام السيف وعدة الحرب الأخرى اللازمة، وكانوا يلبسون حزام جلدي آخر يصل بين البطن والظهر ماراً بالكتف الأيسر تُربط به جُعبة السهام.

وتُلبس على الرأس عمامة من القماش ملفوفة على خوذة جلدية أو حديدية، ويظهر في نهاية العمامة ما يشبه الوشاح يُلف حول الرقبة وفي بعض الأحيان يغطى الأنف والفم من الأتربة والغبار أثناء المعارك[1].

الأزياء في العصر الأموي:

عندما اتسعت الدولة الإسلامية نتيجة الفتوحات الكثيرة لبعض البلدان الفارسية والغربية وبعض البلدان الأخرى، اختلطت الأزياء الإسلامية بأزياء هذه البلدان، لذلك تغيرت الأزياء الاسلامية بعض الشيء عمّا كانت عليه في صدر الإسلام.

ملابس الطبقات العاملة:

عبارة عن ثوب يصل إلى ما قبل الركبتين أو صدارة ذات أكمام تصل إلى المرفقين وفتحة الرقبة مستديرة وبها فتحة صغيرة من الأمام رأسية ومن أسفل الثوب، وعلى كلٍ من الجانبين توجد فتحة صغيرة لتعطي راحة للحركة، وقد يكون الطرف السفلي مُحلّى ببعض الزخارف الجمالية، ويُلبس تحت هذا الثوب سروال يتوارى تحته، وقد يُربط حزام فوق الثوب.

ملابس عامة الناس:

عبارة عن ثوب بسيط فتحة الرقبة له مستديرة ومفتوحة من الامام قليلاً، والأكمام ضيّقة حتى النهاية، وقد يُركب على الرقبة (ياقة) مرتفعة قليلاً، أمّا الثوب فإنه يصل طوله إلى القدمين وقد يُلبس عليه حزام من القماش يُلف حول الوسط.

ويلبس عادة فوق الثوب عباءة ذات أكمام متّسعة في نهايتها تصل إلى المرفقين، وفتحة رقبتها دائرية كبيرة ومفتوحة من الأمام، وقد تكون هذه العباءة من الصوف أو المُخمل وقد يكون لها إطار زخرفي على جوانبها.

ويعتمد ذلك على المركز الاجتماعي والاقتصادي للشخص الذي يلبسها, أما الرأس فيُلبس عليه ما يشبه الطاقيّة الكبيرة المزركشة المحلاّة، وتُلف حولها قطعة من القماش المرصّع مستطيلة الشكل.

ملابس الملوك والأمراء والخلفاء:

كانت ملابس الملوك والأمراء والخلفاء عبارة عن ثوب يشبه الثوب الذي كان يلبسه عامة الناس إلاّ أنه مصنوع من القماش الممتاز أو الحرير أو المخمل ومحلّى باللؤلؤ والزخرفة المختلفة. أمّا العباءة فكانت بدون أكمام نهائياً يُركب عليها حرملة كبيرة (قطعة من القماش مستديرة توضع على الظهر وتُخاط من أعلى الأكتاف، وكذلك من الجانب الأمامي من الكتفين، وتترك حرة الحركة) وترصع بالأحجار الكريمة.

أمّا العمامة فكانت اكبر حجماً وأكثر جمالاً[1].

الأزياء في العصر العباسي:

لقد تنوعت الأزياء واختلفت أشكالها بسبب الفتوحات الاسلامية للدول الاوروبية، ودول شرق آسيا وشمال افريقيا...

لذلك أدّى ذلك إلى تنوع الملابس واختلافها بحيث كان الزي العام عبارة عن: (السروال، الصدارة، الصديري، العباءة).

1- **السروال:** نوع ضيّق وآخر متّسع حُلي بالزخارف الفاخرة ويُلبس عليه حزام عريض من الجلد.

---

[1] أنظر- لاح حسين العبيدي، الملابس العربية الإسلامية في العصر العباسي الثاني من المصادر التاريخية والأثرية، وزارة الثقافة والإعلام، العراق، 1980، ص23-31, (وسيشار اليه لاحقاً بـ: صلاح حسين العبيدي، الملابس العربية الإسلامية في العصر

2- الصدارة:

اختلفت أنواعها من حيث الطراز, ففتحة الرقبة إمّا مستديرة أو مربعة أو على شكل رقم (7) (سبعة)، والأكمام إمّا ضيّقة أو متّسعة حتى المرفقين أو طويلة ضيّقة، أو متّسعة, وطول الصدارة إمّا يصل إلى منتصف الجسم أو إلى الركبتين من الحرير أو القطن أو الكتان أو المخمل.

3- الصديري:

وهو يُلبس بدل العباءة في بعض الأحيان، وبدون أكمام، له فتحة مستديرة كبيرة من عند الرقبة، وطوله إمّا للوسط أو إلى الركبتين، ويكون محلّى بالزخارف المختلفة.

4- العباءة:

وهي على نوعين:

أ- عبارة عن قطعة واحدة مستطيلة تُشبك على الكتف الأيسر من أعلى، وتُلفّ حول الظهر، وتُربط تحت الابط الأيمن، وكانت بمثابة زيٍ للفرسان والشباب.

ب- عبارة عن نفس الشكل أثناء العصر الأموي ذي الحرملة أو ذات النوع العادي بدون الحرملة.

وتكون الأكمام ضيّقة أو متّسعة، وقد تكون قصيرة أو طويلة، وتوضع على الرأس العمامة.

ملابس الملوك أو الأمراء أو الخلفاء:

وهو نفس الزي السابق مع اختلاف نوع القماش وأنواع الزخارف والحُليّ التي تزيّنه، كذلك كانوا يلبسون بعض القلادات المعدنية أو الفضّية أو الذهبية.

وكانت أحذيتهم ذات رقبة طويلة.

أمّا العمامة فكانت كبيرة ومرصّعة بالذهب والحُليّ أو الريش واللؤلؤ.

وقد ظلّت الأزياء تتطور تبعاً للبلاد المفتوحة الجديدة وتقاليدها واختلاط شعوبها مع الشعوب الإسلامية حتى وصلت هذه الأزياء إلى ما هي عليه الآن في وقتنا الحاضر[1].

أمثلة على كيفية عمل المكياج لبعض الشخصيات المسرحية

1- شاب يمثل دور عجوز:

إذا كان العجوز طيّباً توضع له لحية بيضاء وشارب أبيض مهذب وبشرته تميل للون الأبيض، وتكون حواجبيه ذات لون أبيض كذلك.

- إذا كان العجوز شريراً:

توضع له لحية سوداء غير مهذبة وشارب أسود غير مهذب كذلك وبشرته تميل إلى اللون الأسود.

2- شاب يمثل دوراً شرّيراً:

توضع له علامات تؤكد معالم الشرّ في وجهه مثل وضع شارب كبير غير مهذب أو من خلال لون البشرة الذي يميل إلى السواد.

3- **للإيحاء بوجود أسنان تالفه لبعض الشخصيات:** يتم تلوين الأسنان المراد تأكيد إتلافها باللون الأسود.

4- **لإظهار بعض الجروح أو آثار الضربات:** يتم لصق بعض القطع الجلدية وتلوينها، ويمكن وضع بعض الألوان القاتمة للدلالة على آثار الضربات والكدمات. أمّا التشوهات في الفم أو الأنف أو الأذن فيمكن لصق بعض القطع الجلدية المناسبة جيداً وتلوينها بنفس لون البشرة.

5- لإظهار الشيب:

يتم وضع بودرة خاصة بيضاء على الشعر أو كريمات خاصة لهذا الغرض أو الدهان الأبيض المضغوط في علب حديدية أو بلاستيكية (السبراي).

6- لإظهار آثار الدماء والطعنات:

يتم وضع كيس من الدم أو العصير الأحمر داخل الملابس بحيث ينفجر عند ضغط السكين عليه أو السيف.

7- لإظهار التضخيم في الفمّ أو الخدّين:

توضع قطعة قماشية داخل الفم وتثبّت جيداً.

8- صناعة اللحى والشوارب:

تُقصّ قطعة من القماش على شكل شارب أو لحية ثم يُلصق عليها الشعر المناسب جيداً ثم يُثبت على قطعة القماش لاصق خاص. ويمكن استخدام القطن بدلاً من الشعر في حالة اللحية البيضاء.

9- لإظهار تحدُّب أو تقعُّر في البطن:

توضع قطع من القماش أو الإسفنج أو القطن داخل الثياب.

10- لإظهار لحية خفيفة:

يوضع على الوجه لاصق خفيف ثم تُرشّ أجزاء صغير من الشعر على الوجه ويتم تسويتها حسب الشكل المطلوب.

11- **من أجل إبراز مظاهر سنّ النضج (35 – 45 عاماً):** يتم وضع أرضية فاتحة إلى حدٍ ما ثم وضع طلاء أحمر بأسفل الخدين وعمل ظلال تحت العينين.

12- **من أجل إبراز مظاهر سنّ منتصف العمر (45 - 55) عاماً:** يتم وضع أرضية فاتحة (لون أفتح من سنّ النضج) ويتم تلوين السوالف باللون الأبيض وبعض أجزاء من شعر الرأس, كذلك يتم وضع بعض الخطوط الرمادية حول العينين لإظهار التجاعيد وعلى بعض أجزاء الوجه كذلك.

13- **لإظهار ملامح الشيخوخة (فوق ال- (60) عاماً):**

يتم تلوين الشعر والحواجب باللون الأبيض، كذلك يتم زيادة كثافة شعر الحواجب بالإضافة إلى ذلك، يتم طلاء الوجه باللون الأحمر مع مراعاة أن يكون لون أسفل الوجه أغمق أو أفتح من باقي الوجه، ويتم كذلك تلوين الشفتين لكي تظهر نحيفتين.

14- **عمل التجاعيد:**

يتم تحديد التجاعيد باللون البنّي (الكستنائي) ولا يستخدم اللون الأسود فيها, ويتم تظليل كل تجعيده باللون الأبيض أو الأصفر من جانبيها[1].

إن استخدام المكياج في العروض المسرحية المدرسية في غاية الأهمية من اجل تجسيد الشخصيات وبيان ملامحها وصفاتها، إلى جانب عناصر العرض المسرحي الاخرى، ولكن بدون مغالاة في الاستخدام، حيث أن المهم

(1)

في الأمر، هو تحقيق الهدف المطلوب استخدامه. ويفضل ترك المجال للطالب من اجل عمل المكياج المناسب لشخصيته[1].

ونتيجة للتطور العلمي والتكنولوجي في مجال المكياج، فانه أصبح من اليسير الحصول على انواع متعددة من مواد وأدوات المكياج وملحقاتها التي تسهّل عمل الماكيير والمخرج المسرحي حتى يؤدي المكياج دوره الهام في العرض المسرحي.

أمثلــة تطبيقيــة
على كيفية تنفيذ بعض المؤثرات الصوتية

1- **المطر:**

إناء من الحديد أو النحاس به كمية من كُرات رصاص الرشّ مع إمالتها للجانبين.

2- **صهيل الخيل:**

يمكن تسجيل صوت صهيل الخيل, ويمكن الحصول على صوت مقارب من خلال حكّ قشور جوز الهند الجافة مع بعضها.

3- **حوافر الخيل:**

يمكن الحصول على صوت حوافر الخيل من خلال ضرب بعض أنواع الأخشاب القاسية على مستوى خشبي. أو من خلال قشور جوز الهند الجافّة وضربها على مستوى خشبي بإيقاعات معيّنة.

4- **الأمواج البحرية:**

صينية من الخشب بها كمية من حبّ الأرز أو الفاصولياء مع إمالتها إلى الجانبين أو على شكل دائرة.

5- **الرعد:**

لوح من الصاج يُعلّق بحبل ثم يُهزّ بعنف من أحد الجانبين.

6- صوت الانفجارات وإطلاق المدافع:

لوح من الصاج يُطرق بمطرقة خشبية أو عصا.

7- تكسير الأخشاب:

تحطيم أعواد الثقاب أمام ميكرفون الاذاعة.

8- صوت اللهب:

الضغط على ورق السلوفان باليد أمام ميكروفون الإذاعة.

9- صوت مراوح الطيّارة:

مروحة كهربائية تُشغل أمام الميكرفون.

10- صوت العصافير:

يمكن تسجيل أصوات حقيقية، ويمكن عن طريق أصوات بعض الألعاب التي تخرج صوت العصافير أو من خلال الفم. ويتم ذلك أمام الميكرفون.

11- صوت الريح:

يمكن الحصول عليه من خلال الصفير الذي يُخرج من الفم بطريقة معيّنة متقطّعة، أو عن طريق ماكينة خاصة بصوت الريح.

12- صوت طلقة رصاص:

من خلال تسجيل صوت رصاص حقيقي, أو من خلال الطرق بعصا على سطح خشبي.

13- صوت القطار المتحرك:

احتكاك قطعتين من ورق الصنفرة باليدين ومع سرعة الاحتكاك يزيد السرعة.

14- صوت الزجاج المكسور:

تُصبّ كمية من الزجاج المكسور من إناء إلى آخر بسرعة وبقوّة.

15- صوت السهام:

خروج هواء قويّ من الفم باتجاه قطعة ورقية حادّة من الورق المُقوّى.

16- أصوات بعض الحيوانات:

ويمكن من خلال تسجيل الأصوات حيوانات حقيقية أو من خلال تقليد أصواتها بالفم أمام ميكروفون, ويمكن الحصول على المزيد من المؤثرات الصوتية عن طريق الأجهزة التي صنعت خصيصاً لها[1].

(1)

أمثلة تطبيقية
على كيفية تنفيذ بعض المؤثرات المرئية

- البرق: وينفذ عن طريق الإضاءة الخاطفة السريعة.

- الملابس المبللة: تدهن الملابس التي يلبسها الممثل بالشمع ثم يُرش عليها الماء.

- نسيج العنكبوت: غراء سائل بين لوحين من الخشب، حيث يتم ضغط الغراء بين اللوحين ثم يتم إبعاد اللوحين ثم ضغطهما مرّة أخرى، وهكذا، لعدّة مرّات حتى يتم عمل خيوط رفيعة من الغراء تشبه خيوط العنكبوت.

- إنهيار الثلج: يتم وضع قصاصات من الورق والفلّين الأبيض في صناديق معلّقة بسقف المسرح بواسطة حبال، حيث يتم تفريغ الصناديق عند الضرورة للإيحاء بشكل الثلج المتساقط.

- المدفأة: استعمال كشّاف معيّن صغير بدون مرآة أو تثبيت عدد من المصابيح على قطعة خشب.

- البخار والدخان: عن طريق مساحيق كيميائية معيّنة، أو عن طريق زيت البرافين، وكذلك هنالك قنابل دخانية تؤدي الغرض المطلوب.

- المطر: عن طريق قصاصات الورق الصغيرة، أو حبات الرز، أو عن طريق إسقاط صور شرائح مؤثر المطر الخاص من كشاف المؤثرات.

- أمواج البحر: عن طريق استخدام كشاف المؤثرات الخاص بها.

- ظهور الأشباح: عن طريق استخدام مسحوق المغنيسيوم وتسليط الضوء الأخضر على الممثل الذي يقوم بدور الشبح، ومرافقة هذا الضوء للممثل أينما تحرك على خشبة المسرح[1].

ونتيجة للتطور العلمي والتكنولوجي في الوقت الحاضر، فقد أصبح من السهل الحصول على المؤثرات المرئية المطلوبة.

(1)

المراجع

المراجــع

المراجع العربية:

1. احمد شوقي قاسم، **المسرح الإسلامي روافده ومناهجه**، ملتزم الطبع والنشر، دار الفكر العربي، مصر، 1980.

2. اسعد عبد الرازق والدكتور: عوني كرومي، **طرق تدريس التمثيل**، وزارة التعليم العالي والبحث العلمي، العراق، مطابع مؤسسة دار الكتب للطباعة والنشر في جامعة الموصل، العراق، 1980.

3. الكسندر دين، **أسس الإخراج المسرحي**، ترجمة: سعديه غنيم، مراجعة: محمد فتحي، الهيئة المصرية العامة للكتاب، مصر، 1983.

4. إيمان العربي النقيب, **القيم التربوية في مسرح الطفل**, تقديم د:شبل بدران, الطبعة الأولى, دار المعرفة الجامعية, الإسكندرية, مصر,2002م.

5. بيتر سليد، **مقدمة في دراما الطفل**، ترجمة: كمال زاخر لطيف، منشأة المعارف بالإسكندرية، مطابع دار الناشر الجامعي، مصر،1981.

6. تحية كامل حسن، **تاريخ الأزياء وتطورها**، دار نهضة مصر للطبع والنشر، مصر، بدون تاريخ نشر.

7. ثريا سيد نصر وزينات أحمد طاحون، **تاريخ الأزياء**، عالم الكتب، مصر، 1996.

8. جمال محمد النواصرة, **المسرح العربي بين منابع التراث والقضايا المعاصرة**, ط1, عمان, الأردن, 2008م

9. جيرالدين براين سيكس, **الدراما والطفل**, ترجمة د. إملي صادق ميخائيل, تقديم د. سعدية محمد بهادر, الطبعة الاولى, عالم الكتب, القاهرة, مصر,2003.

10. جيرزي كروتو فسكي، **نحو مسرح فقير**، ترجمة الدكتور: كمال قاسم نادر، الطبعة الثالثة، دار الشؤون الثقافية العامة (آفاق عربية)، وزارة الثقافة والاعلام، بغداد، 1986.

11. حنان عبد الحميد العناني، **الدراما والمسرح في تعليم الطفل**، الطبعة الأولى، دار الفكر للنشر والتوزيع، عمان، الأردن، 1990.

12. ريتشارد كورسون، **فن الماكياج (السينما والمسرح والتلفزيون)**، ترجمة: امين سلامة، الطبعة الأولى، ملتزم الطبع والنشر: دار الفكر العربي، 1979 (العنوان الاصلي للكتاب: STAGE MAKEUP).

13. ستوارث كريفش، **صناعة المسرحية**، ترجمة الدكتور: عبد اللـه معتصم الدباغ، دار المامون للترجمة والنشر، وزارة الثقافة والاعلام، بغداد، طبع بمطابع دار الحرية للطباعة، بغداد، 1986.

14. سمير سرحان، **دراسات في الادب المسرحي**، وزارة الثقافة والاعلام، دار الشؤون الثقافية العامة، العراق، طباعة ونشر: دار الشؤون الثقافية العامة (آفاق عربية)، طبعة عراقية بترخيص من المؤلف، (بدون تاريخ نشر).

15. سمير سرحان، **تجارب جديدة في الفن المسرحي**، طبعة عراقية بترخيص من المؤلف، وزارة الثقافة والاعلام، دار الشؤون الثقافية العامة، العراق، طباعة ونشر: دار الشؤون الثقافية

العامة، (آفاق عربية)، (بدون تاريخ نشر).

16. سيد علي اسماعيل, **محاكمة مسرح يعقوب صنوع**, الهيئة المصرية للكتاب, بدون رقم طبعة, القاهرة, مصر, 2001م

17. شكري عبد الوهاب، **الاضاءة المسرحية**، مطابع الهيئة المصرية العامة للكتاب، مصر، 1985.

18. شكري عبد الوهاب، **الادارة المسرحية (دراسات تحليلية لوظيفة مدير المسرح والحرفية المسرحية)**، المكتب العربي الحديث، الاسكندرية، مصر، 1993.

19. شوكت عبد الكريم البياتي، **تطور فن الحكواتي في التراث العربي واثره في المسرح العربي المعاصر**، الطبعة الأولى، وزارة الثقافة والإعلام، دار الشؤون الثقافية العامة (آفاق عربية)، بغداد، العراق، 1989.

20. صالح سعد وآخرون, **دراسات في المسرح المصري**, (الدراما بين الشعبية والرسمية) ج4, بدون رقم طبعة, القاهرة, مصر, 1985م

21. صلاح حسين العبيدي، **الملابس العربية الإسلامية في العصر العباسي الثاني من المصادر التاريخية والأثرية**، وزارة الثقافة والإعلام، العراق، 1980.

22. عبدالرحمن ياغي، **في الجهود المسرحية (الاغريقية، الاوروبية، العربية)** الطبعة الأولى، المؤسسة العربية للدراسات والنشر، بيروت، لبنان، 1980.

23. عبد اللطيف شما، **المسرح المدرسي**، وزارة الثقافة، ط1، الأردن، 1990.

24. عبد العزيز محمد السريع وتحسين ابراهيم بدير، **بالمسرح المدرسي في دول الخليج العربية (الواقع وسبل التطوير)**، مكتب التربية العربي لدول الخليج، السعودية، 1992.

25. عبد المعطي نمر موسى وآخرون، **الدراما والمسرح في تعليم الطفل (منهج وتطبيق)**، دار الامل للنشر والتوزيع، ط1، اربد، الأردن،1992.

26. عقيل مهدي يوسف، **التربية المسرحية في المدارس**, ط1, دار الكندي للنشر والتوزيع, اربد, الاردن, 2001م.

27. علي عقله عرسان، **الظواهر المسرحية عند العرب**، الطبعة الثالثة، دراسة جائزة اتحاد الكتاب العرب لعام 1981، منشورات اتحاد الكتاب العرب، دمشق، 1985.

28. فابريتسيوكاسانللي، ترجمة احمد سعد المغربي، **المسرح مع الأطفال (الأطفال يعدون مسرحهم)**، دار الفكر العربي، مصر، 1990.

29. فؤاد الصالحي، **علم المسرحية وفن كتابتها**، الطبعة الأولى، دار الكندي للنشر والتوزيع، اربد، الأردن، 2001.

30. لويز مليكه، **الهندسة والديكور المسرحي**، الهيئة المصرية العامة للكتاب، مصر، 1995، العراق، مطابع مؤسسة دار الكتب للطباعة والنشر في جامعة الموصل، العراق، 1980.

31. محمد احمد ابوغزلة وآخرون، **دليل المعلم في: الدراما في التربية والتعليم (للصفوف الاربعة الأولى)**، الطبعة الأولى، وزارة التربية والتعليم (المديرية العامة للمناهج) عمان، الأردن، 1999.

32. محمد حسين جودي، **تاريخ الأزياء القديم**، ج1، ط1، دار صفاء للطباعة والنشر والتوزيع، الأردن، 1997.

33. محمد شاهين الجوهري، **الاطفال والمسرح**، الهيئة المصرية العامة للكتاب، مصر، 1986.

34. محمد عزام، **مسرح سعد الله ونوس بين التوظيف التراثي والتجريب الحداثي**، ط1، دار علاء الدين، دمشق, سورية, 2003م

35. محمد مندور، **المسرح**، الطبعة الثالثة، دار المعارف، مصر،1980.

36. نبيل راغب، **فن العرض المسرحي**، الشركة المصرية العالمية للنشر (لونجمان)، ط1، مكتبة لبنان، ناشرون، (طبع في دار نوبار للطباعة)، القاهرة، مصر، 1996.

37. نهاد صليحة، **المسرح بين الفن والفكر**، مشروع النشر المشترك: دار الشؤون الثقافية والعامة (آفاق عربية)- بغداد والهيئة المصرية العامة للكتاب- القاهرة، بدون رقم طبعة، 1985.

38. هارولد كليرمان، **حول الإخراج المسرحي**، ترجمة ممدوح عدوان، مراجعة وتقديم: علي كنعان، دار دمشق للطباعة والصحافة والنشر، الطبعة الأولى، (مطبعة الشام)، 1988.

المراجع الأجنبية:

1)   Editor,Jackson, **Learning through theatre,** Manchester university press, Britain, (1980).

2)   Holden,Susan, **Drama in language teaching** ,long man group limited, Britain, (1981).

3)   Mc Caslin, Nellie **Historical guide to children theatre in America**, green wood press, U.S.A ,(1987).

4)   mc gregor, lynn (etal), **Learning through drama** , gold smith's college university of London, Britain, (1977).

5)   Robert, J, Landy, **Hand book of educational drama and theater** ,green wood press, U.S.A ,(1982).

6)   Wessels,Charlyn **Drama** ,oxford university press, Britain, (1987).

المؤلــف في سطـــور

- مواليد بلدة كفرخل- محافظة جرش- عام 1968م.
- كاتب ومخرج مسرحي.

المؤهلات العلمية:

- بكالوريوس مسرح - تخصص تمثيل وإخراج مسرحي/ جامعة اليرموك- الأردن/ عام 1991م.
- دبلوم عالي تربية- تخصص مناهج / جامعة اليرموك- الأردن/ عام 1996م.
- يدرس حالياً في برنامج ماجستير تقنيات التعليم في جامعة اليرموك – الأردن.

- **صدرت له المؤلفات التالية:**

1. أضواء على المسرح المدرسي ودراما الطفل (النظرية والتطبيق) ,عالم الكتب الحديث, ط1, اربد, الأردن, عام 2003م.
2. مسرحيات للطفولة والمدرسة, منشورات وزارة الثقافة- (اربد مدينة الثقافة الأردنية), ط1, عمان, الأردن, عام 2007م.
3. الأعمال المسرحية (خمس مسرحيات في كتاب واحد): الجنرال مكبث, طريف الحادي الإرهابي, مذكرات صحفي, المعتمد يستيقظ متأخراً, الفيل هو الفيل), دار الحامد للنشر والتوزيع, ط1, عمان, الأردن, عام 2008م.
4. المسرح العربي بين منابع التراث والقضايا المعاصرة, ط1, عمان, الاردن, 2008م.

- عضو نقابة الفنانين الأردنيين/عمان/ مخرج.
- عضو رابطة الكتاب الأردنيين/ عمان/ كاتب.
- شارك في تمثيل وإخراج عدد من المسرحيات في جامعة اليرموك/ الأردن, وفي السعودية).
- عمل (معلماً ومسؤولاً للنشاط الثقافي والمسرحي ومدير مدرسة) في مديرية التربية والتعليم لمحافظة جرش - الأردن, منذ عام 1992م ولا يزال على راس عمله.

- البريد الالكتروني: (jnawasreh@yahoo.com)
- الهاتف المحمول من خارج الأردن: (00962777466529).
- الهاتف المحمول من داخل الأردن: (0777466529).

Printed in the United States
By Bookmasters